Ansichten des Rheins [1804]

Erster Band

von Nicolaus Vogt

von Nic[olaus] Vogt | Erster Band. | Mit Kupfern |
Frankfurt am Main, | bei Friedrich Wilmans. 1804

bearbeitet von Norbert Flörken

Der Text folgt der digitalisierten Vorlage der Bayerischen Staatsbibliothek München; urn:nbn:de:bvb:12-bsb10021936-5.

Rechtschreibung und Zeichensetzung sind beibehalten worden, gegebenenfalls sind Namen in der modernen Schreibweise hinzugefügt worden. Die Punkte hinter den einfachen Zahlen, z.B. den Jahreszahlen, sind weggelassen worden. Der Text der Vorlage steht in dieser Serifenschrift, Zusätze und Ergänzungen des Bearbeiters in dieser serifenlosen Schrift. – In den Fussnoten stehen die Anmerkungen des Verfassers, in den Endnoten die des Bearbeiters. – Fremdsprachige Wörter und Zitate sind *kursiv* gesetzt. – Beim Seitenwechsel wurde die anfallende Trennung aufgehoben. Die häufigen Sperrungen bei Eigennamen oder Ortsnamen wurden nicht übernommen. Die Angaben zu Personen, Orten oder Sachen sind dem Portal Wikipedia entnommen.

Impressum

Bibliographische Information der Deutschen Nationalbibliothek:
Die Deutsche Nationalbibliothek verzeichnet diese Publikation in der Deutschen Nationalbibliographie, detaillierte bibliographische Daten sind im Internet über http://dnb.dnb.de abrufbar.
© Norbert Flörken
Herstellung und Verlag:
BoD – Books on Demand, Norderstedt
ISBN 9783749446896

9 783749 446896

Inhalt

\<v\>

Pränumeranten-Verzeichniss.

Sr. Kaiserliche Majestät Alexander I., Kaiser von 6 Ex.
Russland
Ihro Kaiserl. Majestät die verwittwete Kaiserin 2
von Russland
Sr. Königl. Majestät Friedrich Wilhelm III. König 1
von Preussen
Ihro Königl. Majestät die verwittwete Königin 1
von Preussen
Bonaparte, erster Consul der Französischen Re- 1
publik
Ihro Hochfürstl. Durchl. die verwittwete Prinzes- 1
sin von Anhalt Köthen
Ihro Hochfürstl. Durchl. die verwittwete Fürstin 1
von Anhalt Zerbst
\<vi\>
Sr. Kurfürstl. Durchl. der Kur Erz Kanzler Carl 1
von Aschaffenburg
Sr. Hochgräfl. Excellenz der Erb Graf Emil von 1
Bentheim Tecklenburg
Sr. Hochgräfl. Excellenz der Graf Carl von 1
Bentheim Tecklenburg
Sr. Hochfürstl. Durchl. der Fürst von Bretzenheim 1
Sr. Hochfürstl. Durchl. der regierende Landgraf 1
von Hessen Darmstadt
Ihro Hochfürstl. Durchl. die regierende Landgrä- 3
fin von Hessen Darmstadt
Sr. Kurfürstl. Durchl. von Hessen 1

Ihro Königl. Hoheit die Kur Prinzessin von Hessen · 1

Sr. Hochfürst. Durchl. der Erb Prinz von Hessen Rothenburg · 1

Sr. Hochfürstl. Durchl. der Fürst zu Hohenlohe Langenburg Ingelfingen · 1

Sr. Hochfürstl. Durchl. der Fürst von Hohenlohe Langenburg · 1

Sr. Hochfürstl. Durchl. der regierende Fürst von Hohenlohe Kirchberg · 1

Sr. Hochfürstl. Durchl. der regierende Fürst von I-senburg · 1

Sr. Hochgräfl. Erlaucht Ferdinand Carl, regierender Graf zu Isenburg Philipps Eiche · 1

<vii>

Sr. Hochgräfl. Excellenz Carl Ludw. Wilh., Graf zu Isenburg Büdingen · 1

Sr. Hochfürstl. Durchl. der Fürst von Kaunitz · 1

Ihro Hochgräfl. Excellenz die regier. Reichsgräfin von Königsegg Aulendorf · 1

Sr. Hochfürstl. Durchl. der Erb Prinz zu Leiningen Westerburg · 1

Sr. Hochfürstl. Durchl. der regierende Fürst von Lichtenstein · 1

Sr. Hochgräfl. Excellenz der regierende Graf Ernst zu Limburg Ghemen Styrum · 1

Ihro Hochfürstl. Durchl. die verwittwete regierende Fürstin von der Lippe · 1

Sr. Hochgräfl. Excellenz der regierende Graf Friedr. Carl zu Löwenstein Wertheim · 1

Sr. Hochfürstl. Durchl. der Herzog von Mecklenburg Schwerin · 1

Sr. Hochfürstl. Durchl. der Herzog von Mecklenburg Strelitz · 1

Sr. Hochfürstl. Durchl. der Fürst von Nassau U- 1
singen

Ihro Hochfürstl. Durchl. die regierende Fürstin 1
von Neuwied

Sr. Hochfürstl. Durchl. der Herzog von Olden- 1
burg

Sr. Hochfürstl. Durchl. der Prinz von Oranien und 2
regierende Fürst von Nassau

<viii>

Sr. Hochfürstl. Durchl. der Erb Prinz von Oranien 2

Königl. Hoheit der Prinz Ferdinand von Preussen 1

Königl. Hoheit der Prinz Wilhelm von Preussen 1

Sr. Hochfürstl. Durchl. Heinrich XIII., Fürst zu 1
Reuss

Hochgräfl. Excellenz der regierende Graf von Rö- 1
delheim

Sr. Hochfürstl. Durchl. der regierende Herzog zu 1
Sachsen Coburg

Sr. Königl. Hoheit der Herzog Albert zu Sachsen 1
Teschen

Sr. Hochfürstl. Durchl. der regierende Fürst von 1
Schwarzenberg

Ihro Hochfürstl. Durchl. die Fürstin Christine von 1
Schwarzburg Sondershausen

Sr. Hochfürstl. Durchl. der Fürst zu Salm-Salm, 1
Fürst Erzbischof zu Prag

Sr. Hochfürstl. Durchl. der regierende Fürst Wil- 1
helm zu Solms Braunfels

Sr. Hochfürstl. Durchl. der regierende Fürst von 1
Thurn und Taxis

Sr. Kurfürstl. Durchl. von Trier 1

Sr. Hochfürstl. Durchl. der Herzog von Weimar 1

<ix>

Ihro Hochfürstl. Durchl. die Herzogin von Wei- 1 Ex.
mar

Sr. Hochfürstl. Durchl. der Fürst von Wied Run- 1
kel

Ihro Hochfürstl. Durchl. die Fürstin von Witt- 1
genstein

Sr. Kurfürstl. Durchl. der Kurfürst von Würtem- 1
berg

Herr Adolph, Gust., in Grosskuhnau 1

Herr Altermann in Frankfurt a. M. 3

Herr Anton, Christ. Gotth., Buchhändler in Gör- 2
litz

Herr Aue, Aug., Buchhändler in Köthen 1

Herr Bachmann und Gundermann, Buchhändler 3
in Hamburg

Herr Bädecker & Comp., Buchhändler in Duis- 2
burg

Sr. Excellenz der Herr Staats Minister Freiherr 1
von Barkhausen in Darmstadt

Baronesse von Barenfels in Coswich 1

Herr Becker, Hofrath in Gotha 1

Die Behrenssche Buchhandlung in Frankfurt a. M. 1

Herr Bellmann, Joh., in Amsterdam 1

Herr von Bekerath, Leonh., in Crefeld 1

<x>

Herr Bennecke, Ober Amtmann in Aken an der 1 Ex.
Elbe

Herr Bergien & Comp, in St. Petersburg 2

Herr Besson, Jacq., Buchhändler in Leipzig 1

Herr von Bethmann, Russ. Kaiserl. Hofrath und 1
Consul, in Frankfurt a. M

Herr Beyer, Kammer Assessor in Arnstadt 1

Herr Bohn, Friedr., Buchhändler in Lübeck 6

Herr Breuls, Gilles, in Eupen 1

Herr Brönner, Heinr. Ludw., Buchhändler in 3
Frankfurt a. M.

Herr Brummer, Friedr., Buchhändler in Copen- 1
hagen
Die Fürstl. Hof-Buchhandlung in Darmstadt 2
Herr Büschler, Heinr., Buchhändler in Elberfeld 3
Herr Calve, Joh. Gottfr., Buchhändler in Prag 2
Herr Class, Joh. Dav., Buchhändler in Heilbronn 1
Herr Claus, Job. Fr. Sam., in Aachen 3
Das Comtoir für Litteratur in Leipzig 1
Die Cottaische Buchhandlung in Tübingen 2
Herr Craz und Gerlach, Buchhändler in Freyberg 1
Herr Hofrath Dr. Carl Caspar Creve, in Elfeld 1
Herr Crusius, Siegfr. Lebr., Buchhändler in 2
Leipzig
<xi>
Herr Darmnann, Carl, Buchhändler in Züllichau 2 Ex.
Herr Denon, in Paris 1
Herr Dieterich, Buchhändler in Göttingen 1
Herr Dresser, geheimer Sekretär, in Berlin 1
Herr Dumont, Dechant in Cölln 1
Die Dykische Buchhandlung in Leipzig 1
Sr. Excellenz der Herr Graf Ferdinand von Egger, 1
in Klagenfurt
Sr. Excellenz der Herr Graf von Els, in Elfeld 1
Herr Ernst, Friedr. Jos., Buchhändler in Quedlin- 1
burg
Herr Esslinger, Friedr., Buchhändler in Frankfurt 12
a. M.
Herr Eurich, Friedr., Buchhändler in Linz 1
Die Kaiserl. Reichs Ober Post Amts Zeitungs Ex- 1
pedition in Nürnberg
Herr Frauenholz, J.F. & Comp., in Nürnberg 1
Herr Gastl, Joh. Georg, Buchhändler in Brünn 4
Herr Gayl, in Frankfurt a. M 1
Herr Geislinger, Jos., Buchhändler in Wien 2

Herr Gerlach, B., Hofkammerrath und Amtskeller zu Rothenbuch — 1

Herr Gerning, Legations Rath in Frankfurt a. M. — 1

Herr Grafit, Joh. Gottl., Buchhändler in Leipzig — 1

Herr Grainbs, Doctor, in Frankfurt a. M. — 1

Herr Grau, G. A., Buchhändler in Hof — 1

Herr Grüner, Siegmund, in Düsseldorf — 1

<xii>

Herr Guilhauman, Ph. Heinr., Buchhändler in Frankfurt a. M. — 1 Ex.

Die neue Günthersche Buchhandlung in Glogau — 1

Herr von Hacke, Hofgerichts Präsident in Mannheim — 1

Herr Hans, Joh. Friedr., in Christiansfelde — 1

Herr von Halein, Kriegs Rath, in Neuenburg — 1

Herr Harmes, in Philadelphia — 1

Herr Hartung, Doctor und Hofrath, in Neuwied — 1

Herr Haude und Spener, Buchhändler in Berlin — 1

Frau Wittwe Haueisen, Buchhändlerin in Anspach — 2

Herr Hebenstreit, R., in Frankfurt a. M. — 1

Herr Heinsius, Wilh., Buchhändler in Gera — 1

Herr Herold und Wahlstab, Buchhändler in Lüneburg — 3

Herr Herrmann, Joh. Chr., in Frankfurt a. M. — 1

Herr von Hertling, Reichs Freiherr, Kurfürstl. Pfalz Bayerischer Staats und Conferenz Minister, in München — 1

Herr Herstadt, J. P., in Cölln — 1

Herr von Herzberg, in Augsburg — 1

Herr Heydenreich, in Chemnitz — 1

Herr Heydenreich, Doctor med., in Gotha — 1

Herr Heyse, Joh. Georg, in Bremen — 1

Herr Hillebrandt, G. J., Verwalter in Neuwerk — 1

Herr Höfling, Joh. Willi., in Fulda — 1

\<xiii\>

Herr Hoffmann, Benj. Gottl., Buchhändler in Hamburg — 6 Ex.

Frau Wittwe Hoffmann und Erben in Weimar — 1

Herr Höwert, J.C. Buchhändler in St. Petersburg — 10

Herr von Holzhausen, Joh. Just. Georg, Johanniter-Matheser-Ordens-Ritter, in Frankfurt am Main — 1

Herr Horvath, Carl Chr. Buchhändler in Potsdam — 2

Herr Hoy, Joh. Heinr., Buchhändler in Hanau — 2

Herr Huber & Comp., Buchhändler in St. Gallen — 2

Die Jägersche Buchhandlung in Frankfurt a. M. — 2

Herr Graf von Ingelheim, in Frankfurt a. M. — 1

Herr F. Freiherr von Inhausen und Knyphausen Lütelsburg, in Lütelsburg — 1

Die Juniussche Buchhandlung in Leipzig — 2

Herr Kaffke, Joh. Siegm., Buchhändler in Stettin — 2

Herr Kaher, J. C., in Ronsdorf — 1

Herr Kaulfuss, C. G., in Wien — 1

Herr Kehr, L. C., Buchhändler in Kreutznach — 1

Herr Keil, Georg Chr., Buchhändler in Magdeburg — 3

Herr Keil, Buchhändler in Cölln — 4

Herr Kellner, Carl Ferd., in Frankfurt a. M. — 1

\<xiv\>

Herr von Kettner, J. G. H., in Frankfurt a. M. — 1 Ex.

Herr G. H. Keyser & Comp., Buchhändler in Regensburg — 2

Die von Kleefeldsche Buchhandlung in Leipzig — 1

Herr Koch, Inspector, in Wisbaden — 1

Herr Korn, Joh. Friedr., Buchhändler in Breslau — 2

Herr Korn, Wilh. Gottl., Buchhändler in Breslau — 3

Herr Korn & von Hostrup, in Hamburg — 1

Herr Kratsch und Wettach, Buchhändler in Hamburg — 1

Herr Krieger, Joh. Chr., in Marburg	3
Herr Kuhlencamp, A., Consul in Bremen	1
Herr Levrault, Schoell & Comp., Buchhändler in Paris	106
Herr Lehr, Hofrath in Wisbaden	1
Herr von der Leyen, Conr. Isaac, in Crefeld	1
Herr von der Leyen, Fr. Henr., in Crefeld	1
Mademoiselle Marie von der Leyen, in Crefeld	1
Herr Liebeskind, A. G., Buchhändler in Leipzig	1
Herr Lintz, J., Buchhändler in Trier	1
Herr Graf von Lottum, Major, in Berlin	1
Herr Mack, Joh. Dav., in Frankfurt a. M.	1
Herr Martens, C. M., in Altona	1

<xv>

Herr Maurer, Friedr., Buchhändler in Berlin	3 Ex.
Herr von Mecheln, Chr., in Basel	6
Herr Meissner, Hof Post Sekretär, in Berlin	4
Herr Moll, Corn. Jacob, in Cölln	1
Herr Montag & Weiss, Buchhändler in Regensburg	2
Herr Müller, Justiz Amtmann, in Leipzig	1
Herr Nagel, Adolf, in Erfurt	1
Herr Nicolovius, Friedr., in Königsberg	3
Jungfer von der Nüll, im Thal Ehrenbreitstein	2
Madame Ölrichs, geb. Treviranus, in Bremen	1
Herr Olberg, Landjäger, in Aken a. d. Elbe	1
Herr Olenschlager, Job. Nicol., in Frankfurt a. M.	1
Herr Otterbein, in Orsoy	1
Herr von Papenheim, Baron P., in Wülffersheim	1
Herr Pauli, Joachim, Buchhändler in Berlin	3
Herr Perthes, Friedr., Buchhändler in Hamburg	6
Herr Pfähler, Gebrüder, Buchhändler in Heidelberg	1
Herr Pfeiffer, in Aken a. d. Elbe	1
Herr Pistorius, Hofgerichts Rath in Amorbach	1

Herr Pöchen, in Rheidt 1
Herr von Poets, in Cl. Hamborn 1
<xvi>
Herr Graf Max. von Preysing, Geheimerrath in 1 Ex.
München
Herr Prosch, A., in Hamburg 1
Herr Rabenhorst, Chr. Gottl., Buchhändler in 1
Leipzig
Herr van Recuin, Sous Präfect, in Simmern 1
Herr von Reding, Fr., Freiherr, Kur Bayerischer 1
Minister Resident zu Darmstadt und Frankfurt, in
Frankfurt a. M.
Herr Rein et Comp., Buchhändler in Leipzig 3
Reinicke, Aug. Lebr., Buchhändler in Leipzig 2
Die Rengersche Buchhandlung in Halle 1
Herr von Riedesel, Carl Georg, Freiherr, Assessor 1
des Reichs Kammergerichts in Wetzlar
Herr Rigal, Ludw. Max., in Crefeld 1
Herr Romerskirchen, Buchhändler in Cölln 3
Herr Rosalino, in Frankfurt a. M. 1
Herr Rottmann, Heinr. Aug., Buchhändler in 1
Berlin
Herr Graf von Salern, General in München 1
Herr Schaumburg & Comp., Buchhändler in 1
Wien
Herr Schellenberg, Ludw., Buchhändler in Wisba- 2
den
Die Scherersche Buchhandlung in München 2
<xvii>
Herr Schlegel, Fr., Dr., in Paris 1
Herr von Schlicht, Hof Fiscal in Magdeburg 1
Herr Schmidt, Heinr. Wilh., in Frankfurt a. M. 1
Herr Schmitz, Joh. Georg, Buchhändler in Cölln 1
Herr Schöne, Chr. Gottfr., Buchhändler in Berlin 1
Herr Schöps, Joh. Dav., Buchhändler in Zittau 2

Herr Schrader, Joh. Georg, in Göttingen	1
Herr Schröder, G., Buchhändler in Göttingen	1
Sr. Hochgräfl. Excellenz Herr Graf von der Schulenburg, Staats und Kabinetts Minister in Berlin	1
Herr Schull, Eberh. Casp., in Cölln	1
Herr Sengstacke, J. H., in Bremen	1
Herr Silberberg, Carl Wilh., in Frankfurt a. M.	1
Herr Simon, Joh. Daniel, Buchhändler in Frankfurt a. M.	2
Herr Sixt, Ingenieur en Chef à Coblence	1
Herr Stahel, Gebrüder, Buchhändler in Wien	2
Herr Steinmetz, in Frankfurt a. M.	1
Sr. Excellenz Herr Graf Gustav von Sternberg, in Regensburg	1
Mademoiselle Steutz in Halle	1
Herr Stiller, Carl Chr., Buchhändler in Rostock	1
Herr Streng, Joh. Phil., Buchhändler in Frankfurt a. M.	1
Herr Tasche u. Müller, Buchhändler in Giessen	6
<xviii>	
Herr ter Meer, Abr., Buchhändler in Crefeld	5
Herr Thomann, Carl, in Wien	1
Frau Majorin von Thümen, geb. Gräfin Hollenthal, in Leipzig	1
Herr von Thun Dittmer, Freiherr, in Regensburg	1
Herr Traub, Joh. Adam, in Bremen	1
Herr Treutier, Chr. Gottl., Buchhändler in Hirschberg	1
Herr Ulrich, F. D. D., Buchhändler in Norrköping	14
Herr Varrentrapp & Wenner, Buchhändler in Frankfurt a. M.	1
Herr Vieweg, Friedr., Buchhändler in Braunschweig	4
Herr Wagner, Garnison Prediger in Hanau	1

Herr Waldeck, Peter, Buchhändler in Münster   2
Herr Wappler & Beck, Buchhändler in Wien   2
Herr Wiesel, geheimer Kriegs Rath, in Berlin   1
Herr Will, Amtmann, in Geisenheim   1
Herr Willamov, G., Hofrath und Sekretär in St.   1
Petersburg
Herr Wilmans, Obrist und Commandant, in Bre-   1
men
Herr Wurmb von Zink, Domherr, in Merseburg   1

<xix>

Vorrede.

Gegenwärtiges Werk soll weder ein anekdotenreicher Antiquarius, noch eine historisch-statistische Beschreibung der Länder seyn, welche der Rhein durchfliesst. Sein Titel verspricht mahlerische Ansichten, folglich kann es nur die schönen und herrlichen Bilder dieses Flusses darstellen.

<xx>
Indessen würde eine anhaltende Schilderung lebloser Landschaften den Leser ermüden; es müssen daher noch einige Auftritte und Scenen damit verflochten werden, welche dem Ganzen mehr Interesse und eine regsame Staffage geben. Wenn ich mich gleich Anfangs dieser Arbeit unterzogen hätte, würde ich alle die schönen Gegenden des Rheins als ein Theater benutzt und selbige entweder an einen Roman oder an merkwürdige Begebenheiten unsrer Zeit gebunden haben. So hätten die Landschaften neues Leben und eine gefällige Abwechslung erhalten. Die herrlichen Bilder am Rheine führen ja von selbst zu romantischen Gefühlen. <xxi> Ich habe zwar schon in diesem ersten Hefte durch den Briefwechsel eines Fremden, welcher die Rhein-Länder bereisen will, mit einem Einheimischen, welcher ihn auf das Charakteristische derselben aufmerksam macht, die Grundlage zu einem Romane hingeworfen; doch so, dass das Ganze noch unentwickelt, und in einer willkührlichen Bestimmung gehalten ist. Gefällt diese lebhaftere Darstellung einer Rhein-Reise, so werde ich die Verwickelungen in den folgenden Heften umständlicher hinausführen.

Um übrigens den Leser sowohl mit den geographischen als ökonomischen Erfordernissen dieser Reise bekannt zu machen, wird eine allgemeine Übersicht der Lander, Flüsse <xxii> und Ortschaften, welche den Rhein berühren, als auch der nöthigen Reisekenntnisse beigefügt werden.

Die Kürze der Zeit, in welcher dieses Heft verfertigt werden musste, wird seine Fehler entschuldigen.

<3>

Der Altkönig.

Noch ruhte die Nacht mit ihren Rabenflügeln über einer unermesslichen Ebene. Eine weite feierliche Stille herrschte umher. Schlummer und Nebel deckte unzählige Städte und Dörfer im Thale. Nur in der Ferne grauete der Morgen, und ich sass auf der höchsten Spitze des Taunus, und harrte der aufgehenden Sonne.

Es muss doch eine grosse, herrische Frau gewesen seyn, jene Fränkische Königin Brunehild, welche hier, wie die Sage geht, sich ein Bett erbauen liess, um die weiten Länder zu übersehen, welche sie beherrschen wollte.

So steige denn herauf, o Sonne! glänzende Königin der Erde! Schon verkündigen die Hahnen von Reiffenberg deine nahe Ankunft. Erwecke die Städte und Menschen umher zum neuen Leben. Zeige mir die Länder, so ich bereisen will, und streue die Rosen deiner Morgenröthe auf die Wege und Flüsse <4> vor mir her, damit ich sie leichter erkennen und finden möge.

So dachte ich, und der östliche Himmel wurde röther. Die nächtlichen Schleier zogen sich von den Thälern zurück. Die unzähligen Hügel färbten ihre Spitzen. Städte und Dörfer freuten sich im ersten Morgenstrahle; und die Sonne stieg herauf, herrlich und majestätisch wie ein Gott.

Man kann die Aussicht auf dem Altkönig eben nicht lieblich und schön, aber gross und erhaben nennen. Da rollte sich mir zu Füssen eine weite Gegend wie eine Landkarte auf, von drei Bergreihen begrenzt, zwischen welchen sich der Rhein und Main wie ein rosenfarbenes Band dahinwinden. Von dem hohen Taunus herunter erstrecken sich die

Gebirge bis nach Coblenz und Bonn, und bieten den weinreichen Hügeln von Hochheim bis Rüdesheim ihre
wohlthätigen Arme dar. Unter Bingen tragen sie die alten
Burgen und Vesten von Ehrenfels bis Ehrenbreitstein. Jenseits des Mains erhebet sich der sanfte Melibogus mit dem
weissen Thurme. Seine Gebirgskette dehnt sich links über
Ottsberg tief in den Odenwald, und rechts bildet sie das
schauerliche Nekarthal nach dem fernen Schwaben zu.
Ueber dem Rheine thronet einsam der Donnersberg, und
beherrscht sein ganzes Departement. Ihm zur Seite laufen
die Hard- und Vogesischen <5> Gebirge, welche den Elsass
von Lothringen scheiden, und mit den Schweizer Glät-
schern verschwistert dem Laufe des Flusses folgen. Hinter
dem Altkönig nach Norden zu wallet eine anhaltende Ge-
birgsreihe wie ein versteinertes Meer auf. Die Spitzen der
zerstörten Vesten Königstein[1] und Kronenberg liegen mir
zu Füssen, und unzählige Städte und Dörfer beleben das
Ganze in regsamer Verbindung.

Ich suchte und zählte nun alle die Länder und Ortschaften, welche ich bereisen wollte, wie auf einer Landkarte; hüpfte dann froh den Berg herab nach Homburg —
und kehrte so den Abend zurück nach

Frankfurt.

Wenn du dir einen deutlichen Begriff von der Wirk-
samkeit des Handels machen willst, musst du diese Stadt besuchen, und gerade wie jetzt, zur Messzeit. Während dem
alle Länder und Ortschaften umher durch den Druck des
Krieges erschöpft oder zerstört da liegen, blühet Frankfurt
desto herrlicher auf. Da treten auf allen Strassen neue Gebäude, Palästen gleich, zwischen den alten Häusern hervor.
<6>

Da blühen neue Gärten auf den Wällen und dem Felde, da rennen kostbare Equipagen auf allen Gassen und Plätzen. Theater und Conzerte, Bälle und Tanzboden, Wirthshäuser und Spaziergänge tragen das Bild des Reichthums, und die flüchtigen Grossen und Künstler der zerstörten Kur-Höfe umher suchen hier Unterhalt und Vergnügen.

Noch auffallender ist das Gedränge während der Messe. Die Handlungs-Republik ist wohl die grösste in der Welt. Man darf nur die Aushängschilder der hieher kommenden Kaufleute lesen, um von ihrer Ausdehnung überzeugt zu werden. Neben einem Waarenlager von Lyon eröffnet sich eins von Berlin; und neben dem Kramladen eines Schweizers sieht man die feinen Musseline eines Engländers. Im sogenannten Römer und Braunenfels – zwei öffentlichen Gebäuden – stösst Laden an Laden mit kostbaren Zeugen, Kunstsachen, Bijouterien und Möbeln prangend, und überall ist ein Gedränge von Menschen und Pferden, von Wagen und Karren, dass es einem Hören und Sehen vergeht.

Es fehlt auch den reichen Kaufleuten hier nicht an Geschmack und Humanität: das zeigen ihre Armenanstalten und öffentlichen Gebäude, ihre Schaubühne und Conzerte, ihre Häuser und Gärten. Allein sie sollten mehr nach jenem grossen und edlen Tone streben, der ehemals die Florentiner und Venetianer, <7> die Brüsseler und Antwerper belebte. Was könnte zum Beispiel ein Bethmann oder Schweizer thun, wenn sich in ihnen der Geist jener Mediceer regte, die Väter der Künste und Wissenschaften waren, und um deren Töchter Könige buhlten.

Ich blieb noch einige Tage hier, um mich an diesem Gewühle von Menschen zu ergetzen.

Heute erhielt ich einen Einladungsbrief von meinem Freunde Edmund in Maynz, und morgen werde ich die schöne Reise nach dem Rheine antreten.

Hochheim.

Meine Koffer sind gepackt, meine Wechsel bezogen, meine Pässe von dem Französischen Geschäftsträger, dem edeln Hirsinger, visirt. Ich werfe mich in den Reisewagen und fahre nach Maynz.

Auf dem Wege von Frankfurt nach Höchst betrachtete ich noch einmal den Altkönig, den ich vor einigen Tagen bestiegen hatte. Um seinen Fuss herum bildet sich ein schönes Thal, über dem sich das alte Kronenberg romantisch erhebt. Bei Nid bewunderte ich die Tapferkeit der Franzosen und Maynzer Truppen, welche sich so lange das kleine Dörfchen und Flüsschen gleichen Namens streitig machten. <8> Noch stehen die Häuser durchlöchert und zerschossen, als Zeugen des blutigen Kampfes, da.

Vor Höchst fiel mir das grosse Bolongarische² Haus in die Augen. Was der reiche Schweizer wegen Mangel an Raum an seinem prächtigen Hause in Frankfurt zu sehr häufen musste, ist hier zu weit gedehnt. Nach der ersten Poststation zu Hattersheim ward ich fast ungeduldig über die Höhen bei Dittenbergen, weil sie mir so lange den Rhein verbargen. Das weisse Hofheimer Kapellchen, welches von einem dunkeln Abhange des Taunus herabstrahlte, blieb mir anhaltend rechts auf der Seite, bis auf dem Wege von Weilbach mein Auge ein freieres Spiel gewann.

Wie ich an der Poststrasse von der Anhöhe bei Wikert herabkam, kündigte sich mir schon die ausserordentliche Schönheit der Länder an, welche der Rhein benetzt. Von dem Fusse der Weinberge bei Wikert dehnt sich eine grosse Fläche fruchtbarer Felder mit allen Arten von Farben und Getreiden weit über Hochheim aus; hinter ihr begrüsste ich zum erstenmale die Thürme von Maynz. Unten im Thale schlängelt sich ein Wiesengrund an mannigfaltigen

Baumgruppen und Mühlen nach Delkenheim, dessen einzelne Häuser aus einem Walde von Obstbäumen hervor-
leuchteten.

Schon dieser Anblick entzückte mein Auge; aber
<9> das ächtschöne Schauspiel der Natur wurde mir erst
aufgethan, als ich durch das alte Gothische Thor von Hochheim gen Maynz blickte. Da gleitete mein entzücktes Auge
von Weinhügel zu Weinhügel hinab an den Main, der sich
bei Kostheim, Maynz gegenüber, in den Rhein ergiesst, und
mit ihm wetteifernd die schönen Bilder umher in seinen
spiegelglatten Fluthen spielend wiedergibt. Jenseits des
Mains erstreckt sich das flache Darmstädter Land wie ein
grosses Parterre bis an die Gebirge der Bergstrasse. Jenseits
des Rheins sieht man die weinreichen Höhen von Oppenheim, Nierstein, Laubenheim und Weissenau. Maynz
schimmert mit seinen vielen Thürmen im Thale in das Wasser, und hinter ihm her wallen die sanften, blauen Gebirge
des Rheingaues.

So sank ich allbereits von den köstlichen Hochheimer Weinbergen herab in diesen Schooss der schönen Natur. Die blühenden Trauben und Bäume durchwürzten die
Luft. Die Äste reichten mir von beiden Seiten Blumen-
sträusse dar, und von dem Fusse der Weinberge bis Cassel
sah ich noch einige Gesträuche jenes köstlichen Obstgarten,
welcher hier mit Blumen und Früchten prangend ehemals
alle Felder ausfüllte, und den Speisemarkt von Maynz berei-
cherte.

Noch überraschender zeigte sich mir die Natur-
scene, als ich aus den bereits niedergerissenen <10> Fes-
tungswerken von Cassel [=Kastel] an den Rhein selbst her-
vorkam. Ich stieg bei dem Brückenzolle aus dem Wagen,
und da man ohne das auf der über 600 Schritte langen Schiff-
brücke langsam fahren muss, ging ich zu Fusse darüber, um
mich des herrlichen Anblickes so recht freuen zu können.

O Freund! welch ein Schauspiel ist hier! du magst nun deinen Blick vorwärts oder rückwärts, rechts oder links wenden, überall strahlt dir ein neues Bild der schönen Natur entgegen. Vor dir erhebt sich die Stadt Maynz in der Form eines Halbzirkels mit ihren abwechselnden Gebäuden und zerschossenen Thürmen vom Rheine herauf bis auf die Anhöhen. An ihrem langen Ufer breitet sich der neue Freihafen wie ein Wald von Mastbäumen aus, zwischen welchen sich eine Menge beschäftigter Menschen auf den Schiffen herumdrängt. Rechts schleicht der sanfte Rhein von den fernen Gebirgen der Bergstrasse an einem freundlichen Lande herab; links verliert er sich in die dunklen Berge des Rheingaues wie ein grosses Bassin. Auf seiner Mitte schwimmet die liebliche Peters-Aue, und ringsumher strahlen Dörfer und Weinhügel, Schlösser und Haine aus seinem stillen Wasser kräuselnd hervor.

Was mir die ganze Scene noch verherrlichte, war, dass gerade hinter Maynz die Sonne unterging. Die dunklen Gebäude der Stadt machten einen kräftigen <11> Vorgrund. Die Gebirge des Rheingaues schienen in einen Goldnebel zu verfliessen. Die letzten Strahlen der Sonne blitzten funkelnd aus den vielen Fenstern des Bibericher Schlosses; alles umher war mahlerisch beleuchtet, indessen die Abendröthe oben am blauen Himmel einzelne lichte Wölkchen hingestreut hatte. Die von dem jenseitigen Ufer wiederhallenden Stimmen der beschäftigten Menschen, das Gepolter der Pferde und Wagen auf der Brücke, das Plätschern der nahen Rheinmühlen, nebst den schönen und heitern Gesichtern, welche hier mitten auf dem Flusse an mir vorbei schwebten — diess alles, mein Bester! machte den seltsamsten Eindruck auf meine Seele. Du weisst, ich liebe mein Land, uns besonders meinen Geburtsort herzlich; wenn aber die lebendige Natur dieser Rheingegend eben so ist, wie die leblose umher, dann könnt ich wohl mein Vaterland einmal vergessen und ausrufen: Hier lasst uns Hütten bauen!

Maynz.

Schon gestern Abend suchte ich meinen Freund Edmund auf, und fand ihn nach vielen Umarmungen noch eben so feurig und lebhaft, als zu jenen Zeiten, <12> wo wir uns auf der Universität einander kennen lernten. Nur scheint seine Gesichtsbildung marquirter, sein Blick zuweilen getrübter zu seyn; eine Folge der Drangsale, welche er während dem Laufe der Revolution auszuhalten hatte. Heute führte er mich in der ganzen Stadt herum, auf Gassen und in Kirchen, auf Plätze und zu Freunden; und du sollst nun eine treue Berichts-Abstattung von dem erhalten, was ich da gesehen und gehört habe.

Das Innere von Maynz entspricht nicht der Erwartung und dem Begriffe, welchen man sich auf den Anhöhen von Hochheim davon gemacht hatte. Im Ganzen kann man diese Stadt weder schön noch regelmässig nennen, obwohl sie einzelne gut angelegte Theile hat. Sie war ursprünglich eine römische Festung, von Drusus[3] nebst vielen andern auf den Anhöhen des Rheins erbauet. Während den Stürmen der Völkerwanderung im vierten und fünften Jahrhunderte wurde sie mehrmalen zerstört; und da der friedliche Geist des Handels oder eines erzbischöflichen Stuhles die kriegerischen Absichten ihrer ersten Anlage allbereits milderte, zogen sich ihre Gebäude näher an den Rhein herab.

Überhaupt kann man Maynz sowohl in Hinsicht seiner Häuser und Gassen als seiner Einwohner und Sitten in zwei Theile abschneiden, welche sich auffallend von einander unterscheiden. Alle Gebäude <13> und Strassen längs dem Rhein her sind gehäuft, enge, unregelmässig hervorhängend, altfränkisch und mit Kramläden und Werkstätten angefüllt. Dieses ist die Wohnung der gewerbsamen Klasse von Menschen. Sie tragen daher auch meistens die Namen von Handwerken, als die Loher-, Bauern-, Seiler-,

Fischer-, Scharn-, Schuster- und Stricker-Gasse. Dazu gehören nun auch der Speise-, Flachs-, Korn-, Wein- und
Heu-Markt nebst dem Goldschmidsplätzchen. Was west-
nordwärts über diesem Theile liegt, als die drei Bleichen, der
Thier-Markt, der Ballplatz und die Pfaffengasse bis zum Ste-
phans-Berg hinan, ist regelmässig, geräumig und grösstentheils mit gleichen Gassen in gerader Linie angelegt, auch viel
neuer als der andere Theil. Hier findet man eine anhaltende
Reihe schöner, geschmackvoller Gebäude, prächtige Paläste,
Brunnen und Spaziergänge. Hier wohnten sonst der Adel,
die Geistlichkeit, die fürstlichen Räthe und Hofleute, jetzt
die Generale, Offiziere und Beamten der [französischen]
Republik.

Zwischen den vielen Gassen und Plätzen unterschei-
den sich die Kirchen und öffentlichen Gebäude entweder im
Gothischen oder neueren Stile. Um den Dom, die Liebfrau-
, Jesuiten- und andere Kirchen herum ist jetzt noch alles
Schutt und Ruin. Hier hat der Donner der Belagerung
[1792/93] am meisten gewüthet.

Der Dom ist ein gothisches Gebäude, gross, <14>
weit, hoch, ein längliches Viereck, hinten und vorn mit einem Hauptthurme und zwei kleinen Nebenthürmen prangend. Schon im Jahre 1767 wurde die Spitze des Hauptthur-
mes, die, wie ein natürlicher Blitzableiter[4], sich in die Wolken erstreckte, vom Donner getroffen. Das Feuer frass unter
sich das lange hölzerne Dach herab und ergriff endlich alle
Nebenthürme und Dächer. Der Brand war gross und fürchterlich, weil die an dieser Holz-Pyramide auflodernden
Flammen sich bis zum schwarzen nächtlichen Himmel em-
porschwangen. Ein Maynzer Dichter[5] machte bei dieser Ge-
legenheit folgendes Epigramm, welches den künftigen Sturz
des alten Erzbisthums und Kurthums weissagte:

Er fiel, der stolze Thurm; wie prächtig stund er da!

Wie hoch! doch eben drum war er dem Blitz zu nah,
Der ihn ergriff. — So macht es Gott mit Grossen auch,
Denn seine Blitze
Umwachen ihre Sitze,
Er schlägt — ihr Glanz ist Rauch.

Das Domkapitel liess den abgebrannten Thurm wieder in Steinen aufführen, und die beschädigten Theile herstellen. Allein man vermisst an diesem <15> Gebäude sowohl die Kühnheit als Eigenheit des Gothischen Stils. Da sind Urnen und Laubwerk, spitz zulaufende Fenster und grüne Sommerläden, Guirlanden und Fratzen so unter einander geworfen, dass er zierlich und steif dasteht, wie ein Theaterheld mit Bändern und Flitterwerk umhangen: ein treues Bild der Religion unserer Zeiten.

Dem Dome gegenüber, näher am Rheine, steht eben so zerstört, aber heilig und gross die Liebfrau-Kirche. Hier wehet noch der alte, ehrwürdige Geist des Mittelalters aus den dünnen lichten Säulen und ungeheuern Steinmassen, welche sich bis zu den Wolken erheben, und mit Bildern, Schnörkeln und Laubwerk umschlungen sind. Dieses Gothische Gebäude macht besonders vom Fischthor und Heu-Markt herauf einen grossen Eindruck. Da schwingt sich der Blick von den grotesken Vorstellungen des jüngsten Gerichts am Portale die vielen Stufen hinauf zum gebrochenen Gipfel des Thurmes, dessen am blauen Himmel schwebende Trümmer dir über dem Kopfe zu zerfallen scheinen. Jetzt wird täglich ein Stück mehr davon abgebrochen, und bald wird da ein lichter freier Platz erscheinen, wo ehemals das feierliche Geläute der Glocken ein frommes Volk zur Andacht begeisterte.

Um diese Kirchen herum ist nun alles zerschmettert und verwüstet: von aussen Bruchstück und <16> dachlos, von innen Schutt und Kummer. Durch die fürchterlichen

Risse und Löcher der kühnen Gewölbe sieht man die Wolken am Himmel fliehen.

Ihre ausstrebenden Schlusssteine drohen dir über dem Kopfe zusammenzufallen, und unten auf dem zerschmetterten Marmorboden liegen zerbrochene Denkmäler und Säulen, Gegitter und Bilder so traurig unter einander, dass nichts als hohes Gras darüber fehlt, um den gänzlichen Umsturz zu vollenden.

An den Wänden und in den finstern Kreuzgängen dieser Kirchen trifft man noch einige Denkmäler an, welche theils durch Kunst, theils durch Begebenheiten merkwürdig sind. Da steht ein betender Domherr neben einem geharnischten Ritter, eine fromme Hausfrau neben abstufenden Kindern, Bischofskappen und Stäbe neben Wappen und Helmen.

Unter diesen Alterthümern machte mich Edmund besonders auf folgende aufmerksam. Das erste ist gerade linker Hand am Eingänge des Kreuzganges im Dom, und deckte ehemals die Leiche der Fastrade, Karls des Grossen liebster Gemahlin, mit der Inschrift:

Fastradana pia Caroli conjunx vocitata
Christo dilecta, jacet sub hoc marmore tecta.

Unter diesem Marmorsteine liegen die Gebeine
der Fastrade, Karls des Grossen Gemahlin.

<17> Das zweite ist das Denkmal jenes berühmten Minnesängers, der sich durch seine Lobgedichte auf das weibliche Geschlecht den Namen Frauenlob verdient hatte, und welchen nach seinem Tode die Frauen selbst zum Grabe trugen. Als im Jahre 1787 die Domschule gebauet wurde, ist das alte und ächte Denkmal durch die Unwissenheit der Handwerker zerschlagen worden. Der damalige

Domdechant, künftiger Fürst von Würzburg, liess es durch
die Beiträge der Maynzer Damen wieder herstellen. Gutten-
berg, der Erfinder der Buchdruckerei, erwartet ein gleiches.

Neben demselben ist ein anderes Denkmal, was eine
Frau ihrem verstorbenen Manne errichtete. Seine lateinische
Inschrift lässt sich ohngefähr so übersetzen:

Führt Biedersinn und Redlichkeit
Die Menschen zur Unsterblichkeit,
So ist mein Gatte schon in Gottes süssem Schoosse;
Und wenn der Himmel das erhört,
Was eine gute Frau begehrt,
So bin ich bald bei ihm.

Wenn alle Weiber so dächten und fühlten, sagte hier
Edmund, so hätte Frauenlob sie wohl mit Recht besungen.

Noch ein anderes merkwürdiges Gebäude dieser
<18> Gegend der Stadt ist das alte Kaufhaus auf dem soge-
nannten Brande, nahe an dem eisernen Thore. Seine Gestalt
ist gross, weit, viereckig; es scheint eine Gothische Kirche
ohne Thurm zu seyn. Die Grösse dieses Gebäudes erinnert
zugleich an den berühmten Rheinischen Bund vom Jahre
1255, welchen ein Bürger von Maynz, Walpaden[?], stiftete,
und aus dem der grosse Hansee-Bund hervorgegangen ist.
Hätten die damaligen Kaiser, diese Anstalten besser unterstützt oder unterstützen können, so würde, wie Möser[6] sagt,
Deutschland ein Unterhaus haben, und die Nation nicht so
uneinig und verachtet seyn, als sie in unsern Tagen erschienen ist.

Von den neuen Kirchen und öffentlichen Gebäuden
will ich dir nicht viel sagen; denn ich muss dir gestehen, dass
sie mir nicht recht gefallen. Das Schloss ist ein unvollende-
tes, an die alte Martinsburg angeflicktes Stückwerk. Die

Peters-, Ignatii- und Augustiner-Kirche haben viel einzelnes
Schöne, auch nimmt sich erstere mit ihren zwei gleichen
Thürmen und freundlichen Ansicht von weitem ganz gut
aus; allein das Innere ist kleinlich, bunt und mit Mahlerei
überladen: ein wahres Kartenhaus von Kindern zusammen-
geschnitzelt.

Dagegen lobe ich mir die alte Stephans-Kirche mit
ihrem Gothischen Schwunge. Hoch und über alle andere
Gebäude und Kirchen der Stadt erhebt <19> sie sich noch
unzerstört aus den dunklen Rüsterbäumen des Stephans-
Berges, auf welchen eine Menge von Treppen und Stufen
führt. Von dieser Kirche herab hat man die schönste Aussicht über die ganze Stadt, den Main und den Rhein und alle
umherliegende Gegenden. Der Erzbischof Willigis, welcher
auch für den ersten Kurfürsten von Maynz gehalten wurde,
ist der Erbauer derselben. Noch verehrt man da seine Leiche
und sein Andenken.

Auf den Anhöhen neben und hinter der Stephans-
Kirche befindet man sich denn so ganz in dem alten *Moguntiacum*, was Drusus nebst noch andern fünfzig Castellen
längs dem Rheine hin anlegen liess. Der jetzige Stephans-
und Jakobs-Berg in der Stadt, und der Linsen- und Stahl-
Berg ausser derselben machen eine fortlaufende Anhöhe
aus, welche durch das Hechtsheimer, Zahlbacher, Dahlhei-
mer und Altenmünster Thal begrenzet wird, und sowohl
den alten als neuen Ingenieurs zur Richtung ihres Festungs-
baues diente.

Von den Überbleibseln des alten *Moguntiacum* sieht
man nichts mehr, als einige Bruchstücke von Mauern bei
dem sogenannten Kästrich – *castrum* –, und bei dem Kloster
Dahlheim die zerbrochenen Pfeiler einer Wasserleitung,
welche sich wie Gespenster gen Finthen weit ins Feld hin-
ziehen. Auf dem Jakobs-Berge steht noch ein altes Mauerwerk, <20> welches man wegen seiner jetzigen Form den

Eichelstein nennt, und das dem Drusus zu Ehren erbauet worden seyn soll.

Über alles dieses und noch mehreres kannst du in des gelehrten Pater Fuchs ›Geschichte von Maynz‹[7] hinlänglichen Ausschluss erhalten. Mich führt der Anblick dieser Dinge auf ganz andere Gedanken:

Tu regere imperio populos, Romane, memento.[8]

Also bis hieher drang von den weiten Heerstrassen Italiens der Römer Geist, und pflanzte seine Adler an den Anhöhen des Rheins auf. Hier stehe ich auf den Trümmern einer Festung, wo entschieden werden sollte, ob eine alte oder neue Welt die Herrschaft der Welt erhalte. Auf der einen Seite erscheinen mir die Geister der Fabrizier, Camillen, Scipionen und Cäsarn, welche so viele Rathsversammlungen gehalten, so viele Schlachten gefochten hatten, um den Riesenbau der Römischen Republik aufzuführen; auf der andern sehe ich aus den Wäldern des Taunus und Melibogus die kernhaften Schaaren der Deutschen hervorbrechen, um diesen Riesenbau zu zertrümmern. Hier stehen Legionen und Prätorien, schöne Villen und üppige Bäder, Tempel und Brücken; dort Märzversammlungen und heilige Haine, Grafen und Herzöge. — Wenn ich mir <21> nun denke, dass viele Jahrhunderte hindurch bald die Legionen der Römer bis an die Weser und Elbe vordrangen, bald die Schaaren der Deutschen sich über die Römischen Provinzen herstürzten, und im schrecklichen Kampfe umher alles zerschmettert, alles verwüstet, alles umgewälzt wurde, bis endlich die junge kraftvolle Menschheit über die alte entnervte gesiegt hatte, so falle ich nieder und bete die Vorsehung an, welche auf eine so wunderbare Art die Welt zu erfrischen wusste.

Aber wozu diese Rückblicke auf vergangene Zeiten? Hat sich nicht ein neues Römervolk an den Ufern des

Rheins hinab angesiedelt? Wer bauete diese ungeheuern Festungswerke? Wer sprengte diese ewigen Felsen am Rheine, um neue Heerstrassen anzulegen? Wem gehören diese dreifarbigen Fahnen, welche gleich den Römischen Adlern von den Alpen bis zu den Pyrenäen, von dem Po bis zum Rheine auf Thürmen und Thoren flattern? Woher die neuen Namen von Consuln und Präfekten, von Munizipalitäten und Legionen? Und was bedeuten endlich diese ungeheuern Rüstungen zu Wasser und zu Lande? Soll nicht ein neues Carthago zerstört, und nach dessen Untergang eine neue Welt-Republik gegründet werden? O Freund! unsere Zeiten sind an grossen Entwicklungen fruchtbar. Der Held, welcher an der Spitze des Französischen <22> Volks stellt, lenkt zu gleicher Zeit das Schicksal der ganzen Welt. Die Vorsehung möge auch seinen grossen Geist lenken, damit das Glück und der Ruhm, so ihn begleiten, zum Glücke der Menschheit und Ruhme der Französischen Nation gedeihe.

Der Rhein-Genius.

Ich habe dich bisher mit leblosen Mauern und Gebäuden unterhalten, nun sollst du auch den Geist kennen lernen, welcher die schöne Rheingegend belebt. Ich muss dir gestehen, dass meine Vorstellungen davon, ehe ich hieher kam, ganz anders waren, als sie jetzt sind. Ich glaubte nach einem so zerstörenden Kriege, nach so vielen ausgestandenen Leiden die Bewohner des Rheins niedergeschlagen und traurig, heimtückisch und geitzig zu finden. Wie sehr habe ich mich geirrt! Da herrscht noch eine Regsamkeit, ein Frohsinn, eine Gastfreundlichkeit und Treuherzigkeit, von der du dir keinen Begriff machen kannst. Bei diesen Menschen scheint der biedre gerade Genius der Deutschen mit dem feinen lebhaften Sinne der Gallier gemischt zu seyn. Freilich hat die Revolution die Partheiwuth angefacht, die

Vertraulichkeit beschränkt und <23> den Wohlstand zurückgesetzt, allein im Ganzen kann man den gutmüthigen Charakter der Rheinbewohner auch jetzt nicht verkennen.

Gleich in den ersten Tagen meines hiesigen Aufenthaltes machte ich eine Menge Bekanntschaften unter allen Klassen und Partheien in und ausser der Stadt, und konnte also den Ursachen dieser sonderbaren Mischung und Geistesstimmung des Rheinischen Volkes nachspüren. Ich habe mir in den Gesellschaften näheren Aufschluss über das ehemalige Leben und Treiben der Maynzer geben lassen und gefunden, dass ihr Geist eine unversiegbare Quelle des Frohsinns hatte. Die Hälfte der fürstlichen Einkünfte, welche sich über zwei Millionen Gulden beliefen, wurde hieher gezogen, der reiche Adel verzehrte hier gewiss eine halbe Million, die Geistlichkeit wohl noch mehr, und der grösste Theil dieser Gelder kam aus fremden Ländern. Der Wechsel und die Mannigfaltigkeit der Jahreszeiten und Feste erhob das Vergnügen. Vom ersten Januar bis zum letzten Dezember alten Stils hatten die Schauspiele und Lustparthieen zu jeder Zeit ihren sonderbaren Anstrich. Edmund entwarf mir das Bild davon:

Mit dem frohen Osterfeste, sagte er, begann der Frühling. Da der lange Winter und die ernstliche Fastenzeit das rauschende Vergnügen etwas zurückgehalten und gemässiget hatte, so trat jetzt das <24> Volk mit der verjüngten Frühlingswelt umher gleichsam in neuer Fröhlichkeit und Wonne aus der Stadt hervor, und hüpfte unter blühenden Bäumen auf die bunten Wiesen und Spaziergänge.

Du musst dir dabei vorstellen, dass vor dem Kriege sich ein anhaltender Englischer Garten um die ganze Stadt zog. Wenn man zu dem Reimundithor hinausging, eröffnete sich sogleich dem Auge die schöne

Rhein-Allee mit vierfachen Baumreihen. Unter dem Schatten der hohen Linden rannten da Wagen an Wagen, Reiter an Reiter, indessen auf beiden Seiten in den Neben-Alleen die niedlichen Gestalten der Mädchen und Jünglinge vorbeischwebten. Man hatte hier nicht nöthig erst Lustparthieen zu ordnen und lange Anstalten zu machen. Wie durch Zauberhände gedeckt, fand man sogleich eine köstliche Tafel mit schönen Weibern und freundlichen Menschen umgeben, welche sich an einander drängten, sich unterhielten und nach dem Mahle zum frohen Tanze aufriefen.

Die Allee umfasste und durchschnitt das sogenannte Gartenfeld mit seinen Lusthäusern und Tanzböden, zog sich dann mit mannigfaltigen Anlagen unterbrochen über den Linsen- und Albans-Berg um die Stadt, und endete mit dem Kurfürstlichen Garten, die Favorite genannt, welcher gerade vor dem Neuthor am entgegengesetzten Theile der Stadt <25> das Ganze umschloss. Der unten am Rheine herziehende Theil der Favorite war im steifen Geschmacke des vorigen Jahrhunderts angelegt. Da fand man Bäume und Statuen, Alleen und Altane, Irrgärten und Wasserkünste in so bunter und regelmässiger Ordnung, dass er die Stadt mit dem Lande zu paaren schien. Doch hatten einzelne Theile, zum Beispiel das Porzelanhaus unter seinen hohen Kastanienbäumen, ihre eigenen Reitze. Der obere Theil nahm die Gärten der ehemaligen Karthause und die ganze Alban-Schanze ein, und war eine der schönsten Englischen Anlagen. Da wanden sich die mannigfaltigsten Spaziergänge um ausstrebende Baumgruppen, sanfte Ruheplätzchen und Haine durch die masquirten Festungswerke hinauf bis auf den höchsten Theil der Schanze, welcher die ganze Gegend umher beherrschte, und dem freien Auge die schönsten Aussichten auf allen Seiten gewährte.

Diese so sonderbare Benutzung einer Festung zu einem Englischen Garten erregte in einem ein eigenes Gefühl. Zwischen den Laufgräben, jetzt noch mit den Leichen der Erschlagenen gefüllt, gingen sonst schöne Gestalten in friedlicher Eintracht; zwischen den Schiessscharten, aus denen nun todschleudernde Kanonen ihre Rachen hervorstrecken, nahten sich sonst die Lippen der Liebenden und drückten sich feurige Küsse auf, und von der hohen Schanze <26> herab, wo nun der Donner des Geschützes brüllt, erschallten sonst Flöten und Waldhörner, frohe Stimmen und Gesänge.

Die aussteigende Anlage der Favorite erschien nie herrlicher als bei einer nächtlichen Erleuchtung. Wenn man bei einem solchen Feste von Kostheim herab auf dem Rheine fuhr, glaubte man ein leuchtendes Feenschloss vor sich zu sehen, was sein glänzendes Bild in tausendfachen Flimmern auf dem glatten Wasserspiegel abstrahlte. Die sechs sich zur Höhe der Alban-Schanze erhebenden Pavillons waren brennende Paläste; die Altane und Façaden schienen aus Brillanten gehauen; die Wasserkünste schleuderten glänzende Edelgesteine gegen den dunkeln nächtlichen Himmel; die Baumgruppen und Alleen warfen ein blendendes Grün zurück, und zwischen allen diesen Herrlichkeiten drängten sich schöne Gestalten und frohe Menschen unter Musik und Paukenschall.

Im hohen Sommer zogen die reichern Einwohner der Stadt auf ihre Landhäuser oder in die benachbarten Bäder zu Wisbaden, Schwalbach und Schlangenbad. Das gemeine Volk belustigte sich vor der Stadt auf den Tanzböden oder wallfahrtete unter frohem Gesange in schattige Einöden und auf hohe Kapellen. Das ist denn nun der wahre Charakter eines frohen Volkes, wenn es, wie weiland die <27> Griechen, seine Frommheit mit Vergnügen und seinen Himmel mit der Erde zu verbinden weiss.

Im Herbste strömte alles umher in die benachbarten Weinberge nach Hochheim, Laubenheim, Bischheim und das weinreiche, herrliche Rheingau. Da klimmten die Menschen mit Körbchen und Butten die Zeilen der Weinstöcke hinauf. Schon früh hörte man die frohen Lieder aus dem Nebel hallen, und unten im Thale das Klopfen an den Fässern, in welche der gährende Weingott gesperrt werden sollte. Die Scene ward noch interessanter gen Mittag. Da hoben sich allbereits die goldnen Spitzen der alten Ritterschlösser und Felsen aus den Nebelwolken; bald blickte die Sonne in einzelnen Strahlen hervor, bald versteckte sie sich wieder hinter den Schleier — doch endlich ward der duftige Vorhang aufgezogen, und welch ein Schauspiel eröffnete sich dann dem überraschten Auge!

Da fliesst der stille, majestätische Rhein zwischen Auen und prangenden Weinbergen hin, oder verkriecht sich am Ende in das dunkle, schauerliche Gebirg. Rechts und links wimmelten ganze Schaaren von frohen Menschen, welche sangen und tanzten, und die köstliche Traube pflückend sich mit altem und neuem

Weine labten. Am Abend sahe man auf allen Wegen
Fässer mit Most gefüllt nach Hause fahren, um welche
mit Blumen und <28> Traubenlaub gezierte Mädchen
und Bursche hüpften, indessen oben drauf ein ver-
mummter Bacchus sitzt und Musikanten vorherzie-
hen. Das Ganze endete ein freudiger Herbstschmauss
und ländlicher Ball.

Während dem die Früchte eingethan und die Fässer
gefüllt wurden, nahmen die umherliegenden Berge
eine röthliche Farbe an; die Blätter fallen von den Bäumen, die dickern Nebel ballen sich zu Regenwölken zusammen, die Wiesen mit Reif überzogen, und das kalte
Bild des Winters stellt sich ein. Nun zog alles wieder
nach der Stadt in wärmere, bequemere Zimmer, und
die Lustbarkeiten wurden Schauspiele, Conzerte,
Schlittenfahrten und Bälle fortgesetzt.

Das Theater war einer der besten in Deutschland. Ich
brauche dir nur unter den Schauspielern die Koch,
Porsch, Christ, Stegmann, Mende und Eunike zu nennen, so hast du genug. Da wurden die besten Stücke
von Shakespear, Göthe, Schiller, Iffland und Kotzebue
aufgeführt. Die Hofkapelle, welche zugleich bei der
Oper spielte, gab dem Theater noch einen eigenen
Schwung. Sie war aus vortrefflichen Tonkünstlern zu-
sammengesetzt, unter denen sich der Kapellmeister
Rhigini, der Konzertmeister Kreiser, und der liebens-
würdige Steckel als Componisten auszeichneten. Sowohl im Theater als bei Conzerten hörte man die Meisterstücke von Gluk <29> und Haydn, Salieri und Pai-
sello, Mozart und Matiri mit einer Präzision, welche
das Ohr und Herz entzückte.

Bei den rauschenden Lustbarkeiten des Winters war Witz und Geschmack, Posse und Zierde, Geist und Sinnlichkeit vereinigt. Wenn so ein langer Zug von mit Federn aufgeputzten Pferden und prächtigen Schlitten über die Bleichen dahinflog, mit niedlich gekleideten Damen und Führern besetzt, Pauken und Trompeten voraus, die Türkische Musik hinten drein; und das Geklirre der Schellen, das Knallen der Peitschen, das Rufen der Vorreiter mit Stangen und Fackeln; — einige Tage darauf die masquirte Schlittenfahrt der Akademiker mit den drolligsten Karikaturen, Satyren und Possen — und das Gedränge des Volkes, der Lärmen der Buben, die Belagerung der Schneeballen; — eben so die Bälle, bald mit geschmackvoll gekleideten. Tänzern, bald mit den witzigsten Masquen angefüllt — wahrhaftig, das Carneval von Venedig und Rom muss kein unterhaltenderes Schauspiel gewährt haben.

So lebte man in Maynz und der glücklichen Rheingegend umher, und du wirst nun auch begreifen können, warum der Genius des Volks selbst nach einem so fürchterlichen Kriege, nach so grossen Nöthen und Drangsalen noch immer den Anstrich der Munterkeit und Gastfreundlichkeit an <30> sich trägt, der es vor andern deutschen Völkern auszeichnet.

Ich fragte hierauf meinen Freund: „Wie es doch käme, dass es in den Rheingegenden so wenig bekannte Dichter gäbe, da doch alles umher einen gefühlvollen Menschen begeistern müsse, und es hier gewiss nicht an guten Köpfen fehle?" Er fertigte mich mit folgender Antwort ab: „Wenn ich liebe, schreibe ich keinen Roman, sondern küsse mein Mädchen; und wenn ich ein gutes Glas Rheinwein vor mir habe, schreibe ich kein Rheinweinlied, sondern trinke es wacker hinunter, und fühle das wirklich, was Claudius dichten musste." Und mir scheint es jetzt selbst, dass er nicht so ganz Unrecht hatte. Ich fühle jetzt mehr als ich schreibe. Wer einen so schönen Roman lebte, wie das Volk am Rheine, hat weder Musse noch Zeit einen zu dichten.

Du musst dir aber nicht vorstellen, als seyen die Maynzer oder andere Rheinbewohner nur ein üppiges Sybariten- oder Bacchanten-Volk. Die gebildetere Klasse von Menschen ist eben so zu ernsten Beschäftigungen als zu den Spielen des Witzes und der Freude aufgelegt. Du findest sowohl unter den Offizieren und Rathen der Fürsten, als unter den neu angestellten Beamten der Republik Männer, welche zu allen Arten von Staatsgeschäften tauglich sind. Wie hätte auch sonst der Kurfürst ein solches <31> Gewicht im Reiche haben und die jetzige Regierung eine so leichte Veränderung der Dinge vornehmen können.

Das Schulwesen hat schon der Kurfürst Emerich Joseph[9], unter den katholischen Fürsten der erste, verbessert; Friedrich Karl[10] aber durch die prächtige Restauration der Universität zu einer hohen Vollkommenheit gebracht. Die tolerante Denkungsart des Volkes nahm keine Rücksicht auf den in andern Gegenden herrschenden Sekten-Geist: sowohl Katholiken als Protestanten wurden als öffentliche Lehrer angestellt, und viele davon haben sich, wie dir bekannt ist, als klassische Schriftsteller ausgezeichnet.

Der Geist der Industrie und soliden Beschäftigung dehnte sich auch über den nicht gelehrten Theil der Einwohner aus. In den Gegenden umher und besonders in der nahen Pfalz war der Ackerbau und die Viehzucht in einem blühenden Zustande. Der Weinbau wurde täglich verbessert, und selbst das Fabrikenwesen fing sich zu regen an. Auch hatten Maynz, Mannheim und Coblenz vortreffliche Künstler und Arbeiter. Die öffentlichen Gebäude und Paläste zeigen von der Geschicklichkeit der Bildhauer, ihre Gemählde zieren die Wände der Zimmer; Weidenheimer hat das ganze Copernikanische System in eine Sackuhr gebracht; der ehemalige Augustiner Johann folgte ihm nach; Zitier <32> verarbeitet den Stahl so gut und fein wie die Engländer; die Schreinerarbeiten des seligen Groll zeichneten sich weit und breit durch Geschmack und Brauchbarkeit aus; und die Lindenschmidt gehören unter die ersten Gewehrfabrikanten in Deutschland. Schon die vorige Regierung hatte manche Anstalten zur Beförderung des Handels gemacht; wenn die jetzige die Grundsätze, welche sie bei Errichtung des Freihafens angenommen hat, weiter ausdehnt, so kann Maynz einstens eine der ersten Handelsstädte der Republik werden, und alle die Wunden der Revolution wieder heilen.

Die Erinnerung.

Ausser der Stadt Maynz trägt noch alles das schreckliche Bild des Krieges. Die Weinberge und Hügel umher sind mit Gräben durchschnitten und mit Schanzen bedeckt; und auf den fruchtbaren Feldern sieht man hie und da nur noch einzelne Stauden oder zerrissene Bäume stehen; alles andere liegt als ein verdorrter Verhau um die Wälle.

Freund Edmund und ich gingen vorn Reimundithor über den Harten-Berg, den Hauptstein, längs <33> den Zahlbacher, Hechtsheimer und Weissenauer Anhöhen hin, um die vielen Schanzen und Festungswerke zu betrachten, welche sich noch um Maynz ziehen und einander aufnehmen. Mit Feuer und Gefühl erzählte er mir nun die blutigen Angriffe auf den Harten-Berg, die fürchterliche Bestürmung der Zahlbacher Schanze, die zerstörenden Kämpfe in und um Weissenau und Kostheim, und endlich die gänzliche Zersprengung der Französischen Linien auf dem Hechtsheimer Berge.

Von dieser Befestigung eines kleinen Landstriches kamen wir auf die ausserordentlichen, ungeheuern Vesten der Natur und Kunst, welche jetzt auf allen Seiten die Französische Republik umgeben. Rechts und links sind ihre Flanken durch Meere und Seehäfen geschützt, im Rücken hat sie einen doppelten Wall an den Pyrenäen und ihre Fronte hat alle Vortheile eines verschanzten Lagers. Auf dessen rechtem Flügel erhebt sich ein starkes ausspringendes Bollwerk durch die See-Alpen; sein linker Flügel ist in der Batavischen Republik durch Kanäle und Überschwemmungen fast unzugänglich; und im Centrum steht die Schweiz als eine unübersteigliche Bastion da, welche die in Schwaben und Italien vordringenden Feinde in den Flanken und dem Rücken bedroht. Diese ganze ungeheuere Linie ist durch eine dreifache Reihe von Festungen, durch einen mächtigen Graben, den <34> Rhein, und durch einen doppelten Wall, die Alpen und Vogesen, verbunden.

Wir machten hierauf noch mehrere Bemerkungen über die ausserordentliche Macht der neuen Republik. Wir weissagten, wie Polybius, ihr künftiges Schicksal, und stellten manche ernsthafte Betrachtungen über die Folgen an, welche eine Landung in England haben könnte. So gingen wir von Bollwerk zu Bollwerk, von Graben zu Graben, und die ganze Kriegs- und politische Geschichte wurde durchgenommen.

Als wir zwischen den Schanzen, welche am Abhange des Harten-Bergs angelegt sind, hervorkamen, trafen wir über den Trümmern des ehemaligegen Dominikaner-Hauses auf abgehauene Stämme von Bäumen, aus denen nur noch einige Gesträuche am Boden trieben. Bei diesem Anblicke stürzten meinem guten Edmund Thränen aus den Augen. Er fasste mich an der Hand und sagte:

O Freund, was hab ich verloren! — Hier stand sonst eine dichte Reihe hoher Bäume. Ihre dunklen Zweige, *von frohen Nachtigallen belebt, gaben dem müden Spaziergänger von oben erquickenden Schatten und unten sanfte Ruheplätzchen. Hieher verlor ich mich so oft mit meiner Geliebten, um still und unbelauscht ihre süssen Umarmungen und die schöne Natur umher zu geniessen. Von Angst und Kummer gedrängt, <35> wurde sie ein Opfer der Revolution und des scheusslichen Krieges. O schon ist es kläglich, weit von dem Vaterlande in der Fremde als ein Vertriebener herumzuirren; doch kann man öfters noch durch liebe Briefe mit seinen guten Freunden reden, und die Hoffnung, zurückzukehren, blühet einem in dem Herzen. Allein so gänzlich abgeschnitten zu seyn von allem, was man nur liebt, von Ältern und Geschwistern, von Freunden, Haus und Vaterland, und ohne Aussicht, jemahls sie wiederzusehen oder auch nur ein freigeschriebnes Wort von ihrer lieben Hand zu lesen, das ist ein Zustand der höllischen Verdammniss. Wir Männer können uns, im Kampfe mehr geübt, durch Nöthen und Gefahren schlagen, auch giebt uns unser Geist Geschäfte und Zerstreuung; allein ein gutes, tiefgekränktes Weib kann sanft nur dulden oder sterben. — So war das Ende meiner Geliebten. Hin ist sie also; und es ward ihr nicht einmal gegönnt, in ihrem lieben Vaterlande, nicht zu sterben, nur zu verwesen.*

Dort aus dem schönen Thale bei Lowerz[11] im guten Schweizerlande glänzt tief ein grüner See mit klarem stillem Wasser. Aus seiner Mitte erheben sich zwei Inselchen, niedlich gebildet. Das eine ist so klein und innig, dass man wähnt, es sey vom grössern nur ein

abgefallenes Stück. *Das andre schwimmt wie ein auf-
geputzter Blumenkorb mit manchen Bäumen <36>
und Gewächsen, und glänzt gerundet in dem Wasserspiegel. Aus seinen Büschen ragt ein alter Thurm hervor, an dessen Mauerstücken eine Eremitage mit kleinen Treppchen, Gärten und Geländern gar wonniglich
gebauet ist. Die Ufer, welche rechts und links den
schönen See umgeben, sind steil und überhängend,
mit dunklen Tannen und traurigen Gebüschen hoch
besetzt, auf deren Spitzen nur zuweilen die Sonnenstrahlen gaukeln, indessen tief im Thale ein langer
Schatten streift. Das Thal ist bald mit sonderbaren
Baumgestalten schön umfasst, und bald mit Busch-
werk und allerlei Gegräss und Kräutern überdeckt; ein
ächtes Hirtenland, was sonst nur Dichter mit hochge-
spannter Phantasie beschrieben. Bald brummen einem
fette Kühe entgegen, bei ihnen pfeift ein frischer Bursche auf der Flöte, bald wälzen sich im hohen Grase
Schafe, sie sind von einem schönen Mädchen sanft ge-
hütet; bald sieht man im schattigen Gebüsche ein Hir-
tenhaus mit vielen Fenstern, glatten Bretern, mit
Sprüchen und dem Rebenstock geziert. Das Ganze dieses stillen Hirtenthals ist vorwärts von dem dunkelgrünen Rigi und hinten durch den doppeltzackigen
Schweizerhakken hoch begrenzt. — Da liegt sie auf
dem Inselchen in der Kapelle des Eremiten, so ruhig
und so sanft, wie die liebe Natur in diesem Schweizer-
thale. — Ich bin allein zurückgekehrt ins liebe Vaterland <37> und fand ringsumher die Bilder meiner
Trauer. Zu einem platten Boden waren die Felder, ehemals so blühend, hart getreten, und die Hügel, mit*

Reben oder Blumen sonst bekränzt, standen in Schan-
zen verwandelt mit Asche und Hagel grau bestreut.
Die Gärten und die Bäume lagen umgehauen; aus ih-
ren traurigen Wurzeln trieben am niedern Boden un-
fruchtbare Zweige. Dörfer und Häuser standen abge-
brannt, und über den rusigen Trümmern wehte hohes
Gras. Verwaiste Gatten oder Kinder begegneten mir
auf allen Wegen, wo sonst der freudige Wandrer
wallte, und die ganze Gegend, ehemals so schön und
so herrlich, glich einem Kirchhofe.

Bei diesen Worten riss ich meinen trauernden
Freund von der Stelle, welche seine Wunden wieder bluten
machte, und sagte:

Ich billige die Thränen, welche dir das Andenken einer
Geliebten aus den Augen und dem Herzen presset; al-
lein die Schreckens-Scenen der Revolution sind ja vo-
rüber und Frankreich blühet wieder auf. Trotz dem
Kummer, welchen du erdulden musstest, stehst du
noch kräftig und gerüstet da, und kannst sowohl der
Welt als deinem Vaterlande nützlich seyn. Siehe,
schon gewinnt diese Gegend wieder eine freundliche
Gestalt. Die Wälle werden hie und da dem Boden
gleich gemacht; der friedliche Pflug verdrängt bereits
das kriegerische Eisen, und über den Grabhügeln <38>
der Erschlagnen wallen von neuem fruchtbare Korn-
ähren und blühende Bäume. Auch in der Stadt regt
sich wieder die alte Fröhlichkeit und das Gewerb.
Wenn das Gouvernement die Lage besser kennt, so
werden bei euch auch die Künste und die Wissenschaf-
ten und selbst der Handel blühen; und, was das si-
cherste ist, ihr steht nicht mehr in Gefahr, von einem

auswärtigen Feinde eure Felder verwüstet und eure Häuser abgebrannt zu sehen. Ihr gehört jetzt einer grossen Nation an, welche den Übergang des Rheins nicht mehr so leicht dulden wird.

Bei diesen und andern Vorstellungen, welche ich über den künftigen Zustand der Bewohner des linken Rheinufers machte, waren wir auf den Höhen bei Hechtsheim angelangt. Die fröhliche Aussicht, welche man von da aus über den Rhein hat, erheiterte auch wieder die Gesichtszüge meines Freundes. Es war ein schöner, lieblicher Anblick.

Hinter den dunkeln Höhen von Nakenheim breitete sich eine lachende Ebene wie ein blumenreicher Teppich über das ganze Darmstädter Land aus, welcher von den Silberwellen des Rheins und Mains brodirt zu seyn scheint. Neben ihm links steigen die Weinberge von Hochheim und Wikert zum hohen Taunus hinauf, und hinten sieht man an dem Fusse blauer Berge die Thürme von Höchst, Darmstadt und Frankfurt. <39>

Diese Ansicht erregte in mir den Wunsch, auch die Schönheiten des Rheins oberhalb Maynz zu besehen. Edmund gab mir aber zu erkennen, dass sein Lauf ausser der Schweiz, von Basel bis Speyer, eben nicht gar interessant sei.

Wir wollen morgen, sagte er, oder, wenn du willst, ein andermal einen Zug bis nach Mannheim und der schönen Bergstrasse machen; das übrige will ich dir erzählen: denn ich bin meinem lieben Rheine von seinem Ursprunge an bis hieher und so weiter hinab gefolgt, und kann dir also Rechenschaft davon geben. Auch habe ich eine Menge Zeichnungen aus der Schweiz mitgebracht, die dir die schönen Bilder noch deutlicher schildern werden, als meine Worte.

Wir setzten uns also an eine Hecke zwischen die blühenden Traubenstöcke von Laubenheim auf eine natürliche
Rasenbank, und Edmund erzählte mir den Lauf des Rheins
mit folgenden Worten:

Der Rhein.

Vor allen Flüssen der Erde zeichnet sich der Rhein sowohl
durch die schönen Bilder der Natur als auch der Thaten aus, so hier
geschahen. Sein Lauf ist von seinem ersten Entstehen an auf dem <40>
Gotthards-Berge bis zu seinem Ausflusse in das allgemeine Weltmeer ein
wahres Heldenleben. Gleich dem jungen Herkules rühmt er sich eines
götternahen Ursprunges auf den hohen Alpen. Als Knabe übt er sich
schon durch hundert Kämpfe und Sprünge zwischen ungeheuern Fel-
senklüften. Stärker und in erster Jünglingsschönheit sammelt er seine
Kräfte im Boden-See, von schönen Bildern rings umgeben. Er beginnt
eine neue Heldenbahn in fürchterlichen Zügen bei Schaffhausen und
Rheinfelden; geht dann gross und majestätisch wie ein Halbgott durch
viele Länder und Gebirge hinan, und spendet rechts und links die reichen Gaben aus. Endlich verschwindet er wie eine Gottheit in der Uner-
messlichkeit des Meeres, und hinterlässt noch bei seinem Dahinschei-
den eine reiche, ehemals so blühende Republik.

Du kannst dir wohl vorstellen, dass ich so nahe am Gotthard
begierig war, den Ursprung jenes Flusses kennen zu lernen, den ich hier
als Kind zum erstenmale mit einer Freude begrüsste, die so heiter und
rein, wie sein Wasser, aus meinem Herzen quoll. Die Reise auf den Gott-
hards-Berg ward beschlossen und sie war mir doppelt angenehm, weil
ich sie in Gesellschaft des braven Sohnes eines grossen Dichters und
einer schönen Dichterin machte.

Schon die Wiege des Rheins kündigt sich dem Reisenden in feierlicher, romantischer Gestalt an. <41> Da stehen hoch die Alpen, wie
zum Himmel strebende Pyramiden, neben denen die Ägyptischen klein
wie Kegel werden, und schliessen rechts und links die Thäler und Seen
auf, welche zum Gotthard führen. Auf dem stillen breiten Zuger-See

erscheinen die Gegenstände in einem erhabnen Stile, noch mehr aber auf jenem der vier Waldstädte.

Wie man von Luzern herauskommt, wird die Scene immer feierlicher, grösser. Der dunkelblaue Wasserspiegel erstreckt sich weit hinaus, in fürchterliche hohe Busen. Die Berge, einer höher als der andre, steigen über die Wolken hin, und lassen einem bange mit aufgerecktem Blicke kaum den Himmel sehen. Ganz sonderbar und mannigfaltig ist das Ufer. Hier streckt es sich mit glatten Felsen aus dem Wasser; dort hangt es wie von Gottes Hand gebogen mit abgebrochnen Schichten über den See; gen über bildet es sich hohl zu einer Grotte, worin die dunkeln Wellen sich vergraben; und wer kann all das Farbenspiel beschreiben, womit das Seegestade umher bemahlt ist?

Nahe an dem sogenannten Trichter ist der See am breitesten, und überall sieht man in schauerliche Busen, aus denen rechts die Trümmer Habsburgs, des mächtigen Hauses Östreich Wiege, und links der weisse Thurm von Stanzstaden vom dunkeln See herstrahlen.

<42>

Noch waren alle Gipfel hoher Berge in graue Nebelwolken eingehüllt. Die Ufer erschienen von der Herbstzeit schon gewelket in brauner oder dunkelblauer Trauer. Wir fuhren so im Zweifel, ob die Wolken den Himmel decken oder öffnen würden; auf einmal schlitzten sich die Nebel und durch einzelne Lücken strahlte uns die Sonne entgegen.

Die Spitzen und die Gipfel mancherlei Gestalt erschienen nach und nach wie abgerissene Felsen hoch oben an dem duftigen Horizonte. Jetzt riss sich der zackige Pilatus in das Blaue, jetzt hob sich der stolze Rigi aus den Wolken, jetzt stand der doppeltzahnige Hacken grau vor uns; jetzt wölbte sich die Fronalp wie ein Pantheon, und hinter ihnen glänzten schon der Crispalt und der wasserreiche Gotthard mit den Rosen der Morgenröthe überstreut.

Indessen uns die holde Sonne so die Fahrt verherrlichte und alles schön beleuchtete, war unser Nachen schon bis Bronnen gegenüber auf dunkelblauen Fluthen hingerollt. Schnell drehete er sich am Wytenstein herum, der wie gemauert aus dem Wasser raget, und ohne Rettung ist man in dem Felsenschlunde, wenn jäher Sturm den fürchterlichen See, erweckt. Steil strecken sich zur rechten und zur linken vom Abgrund tief herauf die unermessnen Felsen. Nur wenig Luft vom

engen <43> zugethürmten Himmel, nicht einen Fuss breit angeflöss-
ten Schlamm findest du, woran der Schiffbruch leidende, nicht landen,
nur fest sich halten könnte. Glatte Felsen beschliessen Bretern gleich
den grundlos tiefen See. So fährt man dahin beklemmt und schaudernd,
man wünschet selbst bei stillem Wetter von diesem Joche der Natur be-
freit zu seyn. — Grätli erscheint.

Nicht nur die hohe Scene der Natur macht diesen See für Reisende so herrlich, auch die Spuren grosser Thaten, wodurch der Schwei-
zerbund gestiftet wurde, und überall an Häusern, Brunnen und Kapellen, von später Dankbarkeit errichtet, sprechen, geben ihm den eignen
Reitz. Mit Ehrfurcht zeiget man bis jetzt die Hütten noch, wo Winkelried,
der muthige Lanzenfasser, wo Staufach einst gewohnt. Auf der Felsen-
platte, wo Tell sich aus der Wellen und Tyrannen Wuth rettete, steht in
dunklen Gebüschen, wie ein verborgenes Heiligthum, die Kapelle, und
an den Häusern überall und an den Kirchen sieht man die ersten Bunds-
genossen abgemahlt, mit Sprüch- und Reimlein auch der Nachwelt an-
gepriesen.

An Tells Kapelle, dicht an hohe Felsenwände angebaut und
mit Büschen rings umschattet, stiegen wir aus, und sahen einsam jene
Platte an, wo er sich rettete, und die wir erst betreten hatten, und <44>
dann die Bilder an den Wänden, die Thaten Tells und Staufachs, Melcht-
hals und Walther Fürstens preisend.

Nicht Ehrgeitz trieb hier das Spiel, nicht stolzer Dünkel von un-
ruhvollen Köpfen, mit schönen glatten Worten aufgestutzt. Der Vater
sollte seinen Sohn mit eigner Hand ermorden; die keusche Gattin sollte
erst dem üppigen Wollüstling ein Bad bereiten, und darin Ehe brechen.
Dem Vater wurden seine Augen ausgestochen, weil er den flüchtigen
Sohn nicht wollte verrathen, dem Jüngling wurde seine liebste Braut ge-
raubt und mit Gewalt geschändet, und dem Bürger Hab und Gut und
Recht versagt. Wenn es bei solcher Tyrannei nicht Recht ist, sich durch
Vereinigung zu wehren, so giebt es keins. Man schloss den Bund, doch
nur um sich zu schützen und keine Rache auszuüben. Leichte Verban-
nung war die Strafe für himmelschreiende Bedrükkung, und viele Häup-
ter dieses Bundes hat die Geschichte nicht einmal genannt. Warum? sie
fochten nur für Recht und nicht für Ruhm.

Begeistert von allen diesen Bildern der Natur und grosser edler Thaten bestiegen wir von neuem unsern Nachen, und unsre schöne Dichterin, nun auch berühmt durch die Beschreibung der Länder, wo einst die Harfe Ossians erkling, besang uns diese feierliche Scene. <45>

So langten wir zu Flüheln an, ruheten hier aus, und stärkten uns zur hohen Reise. Noch ehe wir die Alpen besteigen konnten, mussten wir viele schauerliche Thäler und Klippen durchwandern. Wir setzten kühn über die, so zu sagen, in die Luft gesprengte Teufelsbrücke [bei Göschenen], unter welcher die Reuss in einer entsetzlichen Felsenkluft dahin rauscht. Ein kalter Schwindel stieg von dem schauerlichen Schlunde herauf, als wir mit unsern Blicken hinabstürzten. Endlich kamen wir nach vieler Mühe und Arbeit zum eisgethürmten Gotthard, der wie ein ewiger Vater vielen Völkern in Europa seine Flüsse schickt. Da auf diesen Eisgebirgen bilden sich von kleinen unbedeutenden Schneegewässern jene regsamen Kinder der Natur, welche ringsumher so viele Länder und Menschen verbinden.

Der Anblick der hohen Glätschergestalten ist nicht lieblich, sondern gross und geisterhebend. Da stehen sie in den seltsamsten Formen weiss hinter einander, wie ewige Zelten, worin die Flussgötter Europens lagern, der Gotthard und der Bernhard, der Crispalt und die Grimsel, das Schreckhorn und das Wetterhorn, und über ihnen allen der hohe fast unübersteigliche Montblanc. Aus ihnen strömt links die Rhone durch unermessne Felsenwände zum Genfer See hinab, und rauscht von dem hohen Jura begleitet zur <46> Französischen Republik. Rechts aus dem Thale, was der Splügen bildet, entspringt der Inn, welcher sich bei Passau mit der Donau vermischt, und so zum schwarzen Meere eilend die Ungarn und Türken verbindet. Hinter uns rieselten eine Menge kleiner Flüsse zum Po hinunter, und schlängelten sich durch die wohlriechenden Lorbeer- und Zitronen-Wälder des schönen Italiens: vor uns beginnt der Rhein, aus dreifacher Quelle sprudelnd, seinen Lauf, welchem die Reuss in raschen Schritten nach eilt; und ringsumher erheben sich die weissen Riesengestalten der Alpen und Glätscher, und schicken aus ewigen Eismassen ihren Kindern die Nahrung nach.

Der Rhein ist ursprünglich nur ein zusammengeronnenes Schneewasser, was sich in verschiedenen Bächen sammelt, und endlich durch mehrere Flüsse vermehrt jenen grossen herrlichen Strom bildet, welchen wir hier vor Augen haben. Gemeiniglich nimmt man drei Arme als seine Grund-Zweige an. Man nennt sie den vordem, hintern und mittlern Rhein.

Vor ihrer Vereinigung sind sie noch so klein und schwach, dass sie ein Knabe überspringen kann. — Wer sollte denken, dass diese Glätscher-Bäche am Fusse des Gotthards und Crispalts den majestätisch grossen Rhein bilden würden, welcher hier über eine <47> halbe Stunde breit, jetzt Frankreich und Deutschland verbindet? Aber kaum hat er bei der romantischen Halbinsel Reichenau seine kindlichen Kräfte zusammengerafft, so kündigt er sich schon als den Helden an, dem weder entgegengesetzte Berge zu hoch, noch grundlose Klüfte zu tief sind, um nicht seinen Weg darüber zu finden.

Bald durchstösst er ergrimmt und schäumend fürchterliche Felsenwände; bald stürzt er sich mit kühnen Sprüngen in grausenvolle Schluchten hinab; bald drehet er sich aufgehalten in tückischen Wirbeln und Strudeln herum; bald krümmt er sich unter hingeworfenen Felsenstücken oder erschütterten Brücken hindurch; bald sammelt er in anmuthigen Thälern neue Kräfte. Der Weg, den er hier nehmen muss, heisst nicht umsonst der böse – *via mala*. Der geängstigte Wandrer fürchtet sich über die Klippen und hölzernen Brücken zu gehen, welche hier durch wilde Äste unterstützt von einem Zacken zum andern führen, und zitternd über dem tobenden Wasser einen scheusslichen Abgrund eröffnen.

In den engen Gebirgen bei Ruffeln wagt der junge Kämpfer seinen ersten mächtigen Sturz, und bildet, von dunklen Tannen beschattet, einen mahlerischen Wasserfall, über dessen schäumenden Wellen eine nahe Brücke schön kontrastirt. Da liegen wild und über einander hergeworfen abgerissene <48> Steine und Lerchenbäume und alte bemooste Stämme, und unter seinen grünen und schäumenden Fluthen schimmern grosse Felsenstücke hervor, welche er mit Gewalt fortgewälzt hat.

Nicht weit von dem Falle eröffnet sich die finstre Bergkluft, und das liebliche Domletscher [=Domleschg] Thal, von sanften Hügeln und Wiesen umgeben, zeigt ihm zum erstenmale jene Weinberge und Burgen, welche bei Bingen und Rüdesheim sein Bild so sehr verschönern.

Bei Chur ist er schon so stark, dass er Schiffe ertragen kann, obwohl er sie noch schnell und rasch durch die hohen Gebirge führt, welche die Schweiz von Tyrol scheiden. Bei Reineck tritt er wie ein vollendeter Kämpfer in den Boden-See. Ringsumher reichen ihm die blühenden Felder und Wiesen Siegeskränze dar, und eine Menge wohlhabender Städte und Dörfer frohlocken ihm entgegen und begrüssen ihn mit einem lauten Willkommen.

In dem weiten Bette des Boden-Sees scheint der bisher jugendlich tobende Fluss auszuruhen und die Bilder der schönen Natur umher in seinen hellen Wasserspiegel aufzunehmen. Gärten und Landhäuser, Weinberge und Wiesen, Dörfer und Städte umgeben sein freundliches Ufer, zwei glückliche fruchtbare Inseln, Meinau und Reichenau, schwimmen auf dem See, den sein gesammeltes Wasser <49> bildet, und mitten durch denselben geht in majestätischem Schritte der herrliche Strom, über eine halbe Meile lang seine grünliche Spur zurücklassend.

Bei Constanz rauscht er durch eine Landenge hinab in den Untern- oder Zeller-See, wo er noch einmal ruht und dann bei Stein herausströmt, um bald eines der schönsten und grössten Schauspiele der Natur dem Auge darzustellen.

Dort von der alten Bundes-Stadt Schaffhausen heraus thürmte sich ehemals eine hölzerne Brücke über seinen grünen Rücken, welche 360 Schuh lang nur zwei Schwibbögen und einen Pfeiler hatte. Jetzt ist sie nicht mehr. In dem letzten Kriege loderte sie in lichte Flammen auf, und ihre langen Balken, von einer Meisterhand zusammengefügt, stürzten zischend herab in die reissenden Fluthen, und flossen zu kleinen Kohlen verbrannt an ferne Ufer hin. Schon bei dieser Brücke kündigt der Rhein brüllend seinen nahen Fall an, und warnt die Schiffenden stille zu halten, und ihre Waaren auszuladen. Sein Bett wird allbereits abschüssig und mit Felsen durchschnitten, tückische Wirbel drohen alles Fahrzeug zu verschlingen, was sich dem Falle nahet, und nicht gar eine halbe Stunde unter Schaffhausen beginnt dann das grosse Schauspiel, welches so viele Reisende bewundert, so viele Dichter besungen und so viele Künstler gemahlt haben. <50>

Um die Strudel und das Prellen an die Felsen recht besehen zu können, klettert man erst an den Mühlen bei Neuhaussen hin. Dann zieht man hinab zum alten Zollhaus, was durch sein graues Dunkel die weissen Wassermassen gegenüber so erhebt. Endlich steigt man noch etwas höher einen schmalen Fusssteig auf, wo zwischen einer Lücke schwarzer Tannen, gleich einem mahlerisch gedämpften Vorgrund, die ganze hohe Scene der Natur dem überraschten Auge und Ohre vorschwebt.

Aus einem finstern Bergschlunde, mit dunkeln Bäumen schön gewölbt, kommt hinten her der grüne schon ergrimmte Fluss. Gerade an dem Falle theilt sich die Höhle. Zur rechten ist eine Mühle an die Felsen angebauet mit sonderbaren Häuschen und Gerüsten. Zur linken hebt sich der Schlund mit grünbewachsenen Stufen zum Himmel an. Auf seiner Spitze steht Lauffen, jenes mahlerische Schloss mit Gothischen Thürmen, runden Werken und der Vorwand, die zackicht aus dem dunkeln Grün hervorstrahlt. Noch alles, Scharten, Erker und die Wappen, sogar die Farben kann man unterscheiden.

Gerade unter diesem Schlosse stürzet sich der ganze Rhein, nun schon durch manchen Fluss vergrössert, in einen Abgrund, der über sechzig Schuh tief den Rachen öffnet.

So wie sich nun der Fluss dem Falle nahet, fängt <51> er allmählich an zu rauschen und zu schäumen, und sich in tückischen Wirbeln zu verschlingen. Jetzt prellt er rasch an jene beiden Felsen an, die kahl, und gerade nur auf dem alten Haupte mit Sträuchern oder Moos bedeckt, sich an des Grundes Abhang aus dem Schaume strecken. Husch! geht es rechts und links und zwischen ihnen durch die Kreuz und Quer mit Wirbeln, Strudeln und ungeheuern Wasserbächen. Die wüthend gebrochenen Fluthen erscheinen dir bald blau, bald weiss, bald grau, bald grün. Der Fall ist gross und fürchterlich. Die ganze Gegend wird erschüttert. Das Getöse erhallt wie naher Donnerschlag in Felsenhöhlen. Der weisse Schaum spritzt hoch zurück, und alles ist hüpfend in Bewegung. Die Wirbel ziehen lange schäumend sich hinaus; der Dampf steigt an dem dunklen Berge wie eine Nebelwolke hoch hinauf; indess die Sonnenstrahlen in aufgelösten Tropfen mit schönen Regenbogenfarben spielen. Doch wer kann all das tausendfache Leben, was hier der sonst so stille Rhein in grimmiger Bewegung zeiget, mahlen?

Wir fuhren ganz betäubt nun durch die Wellen an die andere Seite, um das, was wir am Zollhause schön und herrlich sahen, auch schrecklich und wüthend fast zu sehen. Vom hohen Schlosse Lauffen, wo man im runden Gartenhause den Fall senkrecht herab erblicken kann, stiegen wir auf kleinen <52> Treppen und an Geländern auf das Gerüste, was ganz nahe an dem Sturze angebauet ist. Noch schwatzten wir zusammen und dachten nicht einmal, dass neben uns der grosse Fluss sich stürze. Der Felsen schied uns noch von seinem Falle und Getöse. Wir traten auf die erschütterten Breter — und plötzlich stürzte uns von steilen Felsen her mit Donnerkrachen und Gebrülle die ganze ungeheuere Wassermasse des aufgethürmten Rheins entgegen. Das Gehör war mir betäubt, vorm Auge wirbelte mir, der Schwindel griff mir schaudernd in die Nerven. Ich drehte mich und sah hinter mir den Rhein noch nahe an dem Falle so still fliessen, wie er bei uns zu Maynz an einem schönen Sommertage schleicht, und schon romantisch wieder eine liebe Rheinau bildet.

So ist ein Held, dem Feinde sich entgegenstellen. Sein Auge glüht, die Stirne runzelt sich, sein Herz drängt hoch ihm seine Brust. Sein starker Arm ergreift das Schwert; er stürzt sich in die Feinde; haut diesen in der Mitte entzwei, und jenen durchrennt er mit dem fürchterlichen Eisen. Er schlägt und stösst, bis alle niederliegen oder laufen. Dann schwindet seine Wuth, und sanft und voller Güte kommt er zurück nach Haus und küsset Weib und Kinder.

Nach diesem Falle macht der Rhein noch <53> mehrere kleinere, wovon ein jeder zwar für sich sehr schön und mahlerisch, aber nicht mit dem bei Schaffhausen zu vergleichen ist.

So legt ihm die allgewaltige Natur bei Zurzach, Laufenburg und Rheinfelden noch grosse Felsenwände in den Weg, und engt durch Dämme seinen Lauf; allein an schwere Kämpfe schon gewöhnt, springt er mit schnellen Wellen schäumend darüber hin und bahnt sich gewaltsam eine Öffnung, durch die er dann unaufgehalten dahinrauscht.

Nun eilen ihm frohlockend aus den fernen Schweizer-Bergen seine Geschwister zu, die Thur, die Toss, die Reuss, die Limmat und die Aar, und gehen so vereinigt und in hoher Majestät bei Basel aus der Schweiz, um längs dem Deutschen und Französischen Gebiete zum fernen Meere hinzu wandeln.

Von Basel bis nach Speyer ist sein Lauf stille und ruhig zwischen einer Menge von Auen und fruchtbaren flachen Feldern hin. Die überwundenen Alpen-Riesen sind zurückgewichen, sein Bett wird durch eine Menge zuströmender Flüsse breiter. Nur rechts von Schwaben und links von Elsass zeigen sich noch Bergreihen in der Ferne, die mehr in freundlicher Gestalt seinen Lauf zu begleiten als aufzuhalten scheinen.

Ich habe dir nun die Geburt und Heldenthaten des Rheins erzählt, jetzt nimm die Geschichte zur <54> Hand, und lass dir von ihr auch die Heldenthaten der Menschen preisen, welche um ihn her gewirkt haben, und ihn eben so verherrlichen als sein Lauf.

Ungewiss und dunkel, wie sein Ursprung auf dem Gotthard, sind auch die ersten Begebenheiten und Fabeln, so wir von ihm wissen. Ausser den Namen der Flüsse, die er aufnimmt, und der Gebirge, die ihn begrenzen, kennen wir nichts mehr aus diesen Zeiten. Da balgen sich Deutsche und Gallische Völker, die Helvetier und Tribozier, die Nemeter und Vangionen, die Ubier und Bataver um ihn herum, bis endlich die Römer dazwischen treten, und ihre Adler an seinen Ufern aufpflanzend, ihn rechts und links mit Castellen und Lagern befestigen. Nun erscheinen Römische Legionen und Prätorien, Villen und Bäder, Tempel und Colonien zwischen den alten Deutschen Hainen, und über 400 Jahre streiten Römische Imperatoren mit Deutschen Fürsten um die Herrschaft der Welt — ein Caesar und Ariovist, ein Drusus und Marbot, ein Germanikus und Herrmann.

Dieser Kampf ist wie der Wasserfall bei Schaffhausen gross und fürchterlich. Die barbarischen Völker stürzen sich über die Provinzen her, verwüsten unaufhaltsam alle Städte und Vesten am Rheine, und stossen endlich in zerstörendem Grimme den Römischen Coloss selbst übern Haufen. <55>

Aus seinen Trümmern blühet eine neue Welt auf. Da siehest du Gauen und Herzogthümer, Merz- und Mai-Versammlungen, Kirchen und Klöster am Rheine, und ein Deutscher Held wird zu Ingelheim[12] geboren, welcher ein neues Kaiserthum stiftet, und mit der Fränkischen Krone verbindet. Friedliche Bischöfe und Äbte, Reichs- und Handelsstädte nisten sich jetzt an seinen Ufern an, und pflanzen dort den Weinstock und Getreide, hier Dörfer und Höfe. Die Künste und Wissenschaften, der Handel und Gewerbe beschäftigen seine Bewohner; und Reuchlin und Johann von Dalberg, Wessel und Melanchthon steckten am Rheine ein Licht an, was nach einer sanften Morgenröthe den schönsten Tag versprach.

Aber auf einmal zieht von Norden ein fürchterliches Ungewitter auf; alles kommt in Aufruhr und Gährung, und ein fanatischer dreissigjähriger Krieg verwüstet die schönen Gefilde wieder, woran man so lange gebauet hat. Wie die aufgebrachten Wogen des Rheins streiten Sekten gegen Sekten, Länder gegen Länder, Unterthanen gegen Fürsten und Brüder gegen Brüder. Noch kannst du hier an den Ufern umher die Trümmer der Kirchen und Schlösser, der Städte und Dörfer als traurige Spuren der Barbarei sehen, womit dieser Krieg geführt wurde. Man würde ihn mit einer zweiten Völkerwanderung <56> vergleichen können, wenn nicht zwischen den Grausamkeiten eines Alberts [Wallenstein] und Tilly auch die Helden-Denkmäler eines Gustav Adolfs und Turennes den Fluss verschönerten.

Nach diesem Kampfe stritten die Deutsche und Französische Nation über 100 Jahr um die Herrschaft des herrlichen Flusses. Da treten die Helden Villars und Catinat, Eugen und Malborug, Broglio und Braunschweig, Karl und Moreau auf, und bezeichnen ihn durch eben so meisterhafte Übergänge, als künstliche Schlachten, ohne jedoch den wichtigen Streit entschieden zu haben.

Endlich ersteigt der glück- und siegreiche Consul Bonaparte beym Gotthard und Bernhard selbst in die Wiege des Rheins, und theilet ihn von Basel bis zu seinem Ausflusse in der Mitte entzwei.

Von allen diesen grossen Begebenheiten findest du noch jetzt die Spuren längs seinem Ufer hin. Die Namen des Rheins und des Mains, des Neckars und der Mosel sind noch dieselben wie zu den Zeiten der alten Deutschen, und das hohe Rhätien und der Schwarzwald, der Taunus und Katimelibogus werden noch eben so genannt, wie in dem Tacitus. Die Städte *Moguntiacum* – Maynz, und *Bingium* – Bingen, *Confluentes* – Coblenz, und *Colonia* – Cölln nebst vielen andern verrathen ihren Römischen Ursprung. Der <57> Thurgau und das Breisgau, das Rheingau und Engersgau sind Bruchstücke der alten Deutschen Verfassung, und Worms und Trebur, Ingelheim und der Königstuhl bei Rense erinnern uns an Volks- und Fürsten-Versammlungen und die Meierhöfe der alten Kaiser. Noch stehen überall am Rheine her die Trümmer der Stifter und Klöster, der Schlösser und Ritterburgen als Gespenster des finstern Mittelalters; und zwischen denselben findet man die köstlichen Weinberge und Pflanzungen, die Kunstwerke und ersten Druckereien, die Kaufhäuser und Rathhäuser, als ewige Denkmäler des Fleisses und der Kultur der geistlichen und Rheinischen Städte. Eine anhaltende Reihe von Ruinen erinnert uns an die Verwüstungen der Religions- und Französischen Kriege; aber wir bewundern doch lieber die Thaten und Denkmäler der Helden, welche hier stritten, eines Turenne bei Sassbach, eines Gustav Adolf bei Oppenheim, und eines Hoche bei dem Meisenthurme. Jetzt sehen wir überall, von Basel bis zur Batavischen Republik, die dreifarbige Fahne an dem Rheine wehen, ein Zeichen, dass der Lüneviller Friede [1801] sein linkes Ufer der Französischen Republik zugetheilt habe.

So ist der Lauf unsers schönen Flusses und < 58 > seiner Begebenheiten. Das übrige kannst du mit deinen eignen Augen sehen.

Und auf diese Erzählung wurde sogleich eine Reise nach der schönen Bergstrasse beschlossen.

Mannheim.

Ich habe schon mehrmalen bemerkt, dass, wenn das Wetter schnell von Regen zu Sonnenschein übergeht, die Luft immer heiterer und reiner wird als sonst. Diess war gerade der Fall an dem Tage, als wir unsere Reise über Mannheim nach der schönen Bergstrasse machten. Kein Wölkchen trübte den Morgen, gen Mittag zogen einige Streifen am blauen Himmel hin; der Abend war göttlich und schön; obwohl uns die Hitze etwas zu schaffen machte.

Wir fuhren an den Ruinen der Favorite vorbei gen Weissenau, einen ehemals von den Maynzer Studenten stark besuchten Ort. Edmund erzählte mir dabei eine Menge seiner Jugendstreiche voller Muthwillen und sprühenden Geistes. Bei der Jungenfelder-Aue zieht sich die Landstrasse gen Laubenheim landeinwärts, und die Weinhügel umher bilden ein grosses Amphitheater, welches einen breiten Wiesengrund einschliesst. Hier wachsen der < 59 > liebliche

Laubenheimer und Bischheimer, der Bodenheimer und Nackenheimer, und endlich der feurige Niersteiner Wein, an deren Stöcken wir bis Oppenheim dicht vorbeikamen.

Während dem unser Wagen in diesem Städtchen umgespannt wurde, liessen wir uns ein kleines Frühstück und einige Flaschen Niersteiner auf den höheren Theil desselben bringen, und wandelten so unter den alten Ruinen herum, zwischen welchen man eine herrliche Aussicht in die Bergstrasse hat. Unter denselben zeichnet sich besonders die schöne Katharinen-Kirche aus, welche mit ihren Gothischen Fenstern und Thürmen in der Morgensonne glänzte und davon noch die Hälfte zum Gottesdienste gebraucht wird. Von dem zerstörten Theile derselben oder dem sogenannten Langhause stehen nur noch die Seitenwände mit schönen verschlungenen Fenstern. Das Gewölbe ist grössten theils herabgefallen, und statt dessen wölbet sich der lichte blaue Himmel über den dunklen Pfeilern her, aus welchen Gesträuche wachsen und Eulen fliegen. Sowohl der Kirchhof als die ganze Gegend umher ist voll merkwürdiger Grabsteine und Trümmer. Wir setzten uns in einem alten Erker nieder, der unter Bruchstücken und wilden Gesträuchen schon locker über die Stadt hängt, verzehrten unser Frühstück, und weideten uns an der schönen Aussicht. <60>

Sobald der Postillon ein Zeichen mit dem Horne gab, dass der Wagen bespannt sey, rannten wir die unebenen Gassen hinab, sprangen in den Wagen, und nun ging es unter dem Schalle des Posthorns zum Thor hinaus über Guntersblum nach Worms.

Der Weg von Oppenheim bis zu dieser Stadt ist nicht der freundlichste. Man trifft auf keine Ortschaften, die Gegend umher ist flach, und die Station zu weit. Wir bevölkerten daher während unsrer Fahrt diese weite Ebene mit der ganzen Deutschen Nation, welche, wie die Geschichte sagt, ehemals hier versammlet war, um Konrad den Salier zum Kaiser zu wählen. Wir suchten ferner das

Schlachtfeld[13], wo es einst zwischen Albrecht und Adolf entschieden wurde, ob das Haus Östreich oder Nassau die Kaiserkrone tragen sollte. So kamen wir nach Worms.

Die Kirchen und öffentlichen Gebäude dieser ehemaligen Reichsstadt sind altfränkisch, und grösstentheils in Gothischem Stile. Das fürstliche Schloss, welches Custine abbrennen liess, weil Condé darin wirthschaftete, zeigt in seinen Trümmern allein einen neuen Geschmack. Übrigens tragen noch ganze Gassen das scheussliche Gepräge der ehemaligen Französischen Kriege. Ich wandte meinen Blick von diesen traurigen Gegenständen weg zu den lieblichem Bildern der Felder und Auen, der Haine und Berge, <61> welche jetzt im Frühlingsschmucke das köstliche Land verschönerten. Und wirklich ist die ganze Gegend umher ein blühender Garten der Natur, rechts von der freundlichen Bergstrasse und links von den lieblichen Hard-Gebirgen sanft umflossen.

Der Anblick so vieler Schönheiten erheiterte unsern Geist und in einer frohen Stimmung naheten wir uns Frankenthal, dessen Thor schon einen andern Stil verräth. Es ist keine finstre Öffnung mit alten Thürmen und Schiesslöchern wie jene zu Worms und Oppenheim. Hier stellen sich freundliche Säulen und Kapitale, regelmässige Gesimse und schön gearbeitete Wappen dar, und laden zur Freude und Vergnügen ein.

Frankenthal selbst und das darauf folgende Oggersheim sind schöne Ortschaften mit fröhlichen Häusern und Menschen besetzt. Im ersten Städtchen sind mehrere Fabriken, und ein Kanal, so zum Rheine führt. Im letztem hatte die verstorbene Kurfürstin von der Pfalz einen eben so niedlichen als kostbaren Aufenthalt. Wir besuchten die Frankenthaler Porzellan-Fabrik, worin noch eine Menge Modelle und Formen von dem berühmten Maynzer Bildhauer, Melchior, stehen.

Und nun stieg allbereits der schöne Genius Griechenlands auf uns herab. Hier und nach der Hand mehr in Mannheim begrüssten uns freundlich die <62> Bilder der Medizeischen Venus und des Vatikanischen Apolls, des Laokoons und des Farnesischen Herkules, und alle die andern Statuen und Kunstwerke, welche zu Mustern aufgestellt sind.

Es ist sonderbar, sagte Edmund, wie meine Gefühle bei einer jeden Rheinreise, welche ich von Mannheim nach Cölln mache, so auffallend wechseln. Unter Maynz und Bingen führen mich die alten Ritterschlösser und Gothischen Kirchen im düstren Bergschlunde in das Zeitalter der Ritter und Kreuzzüge. Da umfasst mich der Geist des Ariosto und Tasso. Da ziehe ich mit Andacht in das gelobte Land, fechte mit den Sarazenen, halte Zweikämpfe und Tourniere. Da singe ich Minnelieder, und freue mich in der alten hohen Burg bei Weib und dem köstlichen Rheinwein. Hier um Mannheim, und besonders in dem schönen Garten zu Schwetzingen wehet mich der sanfte Geist der Griechen an. Die regelmässig gebauten Häuser und Strassen, die schönen Alleen und Gärten, die herrlichen Statuen und Kunstwerke, das freundliche hüpfende Volk, nebst der blühenden lachenden Gegend umher, weckt in mir alle die reitzenden Bilder, welche ich ehemals in den Griechischen Klassikern gelesen hatte, und die nun in lebendiger Schönheit vor mir schweben. <63>

In keiner Stadt längs dem Rheine hin ist so viel für die schönen Künste gethan worden, als in Mannheim. In der Kurfürstlichen Bibliothek im Schlosse befanden sich die besten klassischen Schriften aller und neuer Zeiten. In der

Gallerie hingen die Bilder von allen Meistern und Schulen. Die Kupferstich- und Zeichnungen-Sammlung war ausgesucht und vortrefflich; und der Antiken-Saal stellte die Meisterstücke der bildenden Kunst dem entzückten Auge dar. Das Theater war unter der Leitung Dahlbergs und Ifflands eines der besten in Deutschland, und die öffentlichen Gebäude und Gärten dienten als Übungsplätze geschickter Künstler. Jetzt sind freilich alle diese Schätze fortgeführt, allein der Geist, welchen sie bildeten, blieb zurück, und der jetzige Kurfürst von Baden sucht sie mit fürstlicher Freigebigkeit wieder zu ersetzen. Sein Gesandter in Paris, der junge Herr von Dahlberg, hat den Auftrag, Abdrücke von den besten Kunstsachen nehmen zu lassen, welche die Franzosen aus allen Ländern erbeuteten. Eine neue Bibliothek wird angelegt, und die Mahlerei- und Kupferstich-Händler in Kontribution gesetzt. Ich finde selbst, dass Edmund Recht hat. In Mannheim und dem schönen Garten zu Schwetzingen haucht einen der frohe Geist der Griechen an. <64>

Die Bergstrasse.

Der schöne Abend hatte alle Gegenstände der lieben Natur umher in eine sanfte Beleuchtung und süsse Harmonie gebracht. Und wir fuhren von Schwetzingen ab nach Heidelberg und sahen von den prächtigen Ruinen des Schlosses die Sonne untergehen. Es war ein herrliches Schauspiel. Über das finstre Neckarthal zogen sich schon lange Schatten herab; längs dem Flusse hin dampften die Gipfel der nahen Dörfer, und von der Brücke bei Heidelberg bis weit über Mannheim hinaus schwamm eine unermessene Ebene in einem Goldmeere. Hier wünschte ich mir einen Claude Lorrain, um das köstliche Bild aufzufassen.

Ich will dich nicht lange mit der Beschreibung dieser Stadt und ihren grossen Fässern im Schlosskeller aufhalten; unsre Züge nach dem Wolfsbrunnen und Melibogus werden dich mehr interessiren.

Wenn man von Heidelberg längs dem Neckar tiefer in den Schlund wandelt, verengen sich die Gebirge, das Ufer wird steiler, und das Thal schauerlicher. Nahe am Wege rechts trifft man ein <65> niedliches Plätzchen an, ringsumher mit hohen Bäumen und Gehängen besetzt, deren Stämme und Blätter sich in einem kristallenen Weiher dunkel abspiegeln. Man nennt ihn den Wolfsbrunnen.

Um das Wasser her sind unter dem Schatten der Äste Tische und Bänke angebracht, und kaum hat man sich da niedergelassen, als schon die Wirthin aus dem nahen Häuschen hervorspringt und einen fragt: Ob keine Forellen gefällig wären? Wir nahmen dieses Anerbieten freudig an, und hielten da bei den vortrefflichen Fischen, welche der Brunnen erhält, und einer Bouteille Niersteiner ein köstliches Mahl.

Während dem Schmausse hatten wir unsern Bedienten zurück nach Heidelberg geschickt, um die Post hieher zu bestellen; und so fuhren wir noch diesen Tag durch die blühende Bergstrasse bis nach Heppenheim.

Um dieses schöne Land, sagte Edmund, zu einem passenden Seitenstücke des Rheingaues zu machen, fehlt ihm weiter nichts, als ein grosser Fluss, welcher sich am Fusse seiner herrlichen Bergreihe hinschlängelte.

Die fruchtbaren Felder, die blühenden Obst- und Mandelbäume, die sanft aufsteigenden Weinberge, oben mit dunkelblauen Wäldern und Hainen begrenzt, stellen das schönste Bild der Natur dar. Als man den Kaiser Joseph bei <66> seiner Durchreise nach den Niederlanden fragte: Ob er nicht den Garten zu Schwetzingen sehen wollte?

antwortete er: Ich bin ihn den ganzen Weg her schon durch-
gefahren. Einen solchen Eindruck macht dieses schöne Land
auf jedes gefühlvolle Herz.

Unter den alten Vesten und Ritterschlössern, welche
auch hier, wie im Rheingau, die Landschaft romantisch bilden, bestiegen wir zuerst die ehrwürdige Starkenburg, dann
den andern Tag den hohen Melibogus mit seinem neuen
weissen Thurme. Man sieht auf demselben hinter sich bis in
den Elsass nach Pirmasens, die ehemalige Herrschaft des
Landgrafen von Hessen-Darmstadt, vor sich die Rheinbrü-
cke von Maynz ganz deutlich, welche doch über zwölf Stunden davon entfernt ist.

Ich habe den Altkönig bestiegen, um die Gegend
umher zu betrachten; ich war auf mehreren Anhöhens bei
Maynz und zu Oppenheim, allein keine gewährte mir so die
allgemeine Übersicht jener köstlichen Länder, über welche
die Natur ihr Füllhorn ausgeschüttet hat, als der Melibogus.

Edmund stand neben mir, theils traurig, theils entzückt, und zeigte mir mit dem Finger alle Städte und Provinzen, welche zu unsern Füssen lagen. Dann wurde seine
Sprache heftiger, er sagte:

*Siehe, dieses Land bewohnten wir. Dort hatten wir
köstlichen Wein, hier Obst und edle Früchte; jenseits
<67> Getreide aller Art in der Fülle, oben am Maine
das schönste Bau und Brennholz.*

Nun fasste er mich bei der Hand, und fuhr fort:

*Vor der Revolution war es öfters mein Plan, aus allen
den geistlichen und weltlichen Staaten am Rheine und
Maine in der Form des Griechischen Amphiktionen-
Gerichts oder Fürstenbundes einen grossen Verein zu
stiften, welcher von innen durch eine bessere Verfassung glücklich, von aussen mächtig und stark genug*

wäre, um zwischen Östreich, Frankreich und Preu-
ssen das Gleichgewicht zu halten. Sie sind gescheitert,
diese Projekte. Auf, lass uns einen Nebensprung nach
Aschaffenburg machen, dort findest du noch ein Stück
unsers vormaligen Kurthums.

So rannten wir Hand in Hand den hohen Berg herab
nach Zwingenberg, und setzten unsere Reise weiter fort.

Unterweges sahen wir das grosse, geräumige Exer-
zierhaus zu Darmstadt, ein Meisterstück von Zimmerarbeit,
die schöne Englische Anlage hinter demselben, besonders
aber unsern Freund Sch. Was mir in dem Garten besonders
auffiel, war das Grabmal der verstorbenen Landgräfin, einer
vortrefflichen Frau, von Friedrich dem Grossen, Könige in
Preussen, selbst gesetzt. Es trägt die einfache Inschrift:

Hic jacet Ludovica Henrica landgrafia
Hassiae sexu foemina ingenio vir <68>

Hier ruhet Louise Henriette[14], Landgräfin
von Hessen, an Geschlecht ein Weib, an Verstand ein
Mann.

Zu Dieburg, einem ehemaligen Maynzischen Städtchen, besahen wir den schönen, mit vielem Geschmack an-
gelegten Garten des verstorbenen Ministers von Gross-
schlag: und als wir zwischen den lichten Bäumen des Stock-
stadter Waldes bereits die rothen Schlossthürme von
Aschaffenburg erblickten, blies unser Postillon, der ehemals
in Maynzischen Diensten war, des Kurfürsten Emerich Joseph Leibliedchen: *Ohne Lieb' und ohne Wein, was ist un-*
ser Leben? Der Wald hallte von seinem Horne wieder, Edmund sang mit, die Bäume flogen rechts und links an uns
vorbei, und wir kamen gerade zu der Zeit in Aschaffenburg

an, als die Abendsonne das grosse vierthürmige Schloss ver-
goldete, und aus den unzähligen Fenstern wie ein flammen-
der Brand hervorstrahlte.

Die Stadt ist eben nicht schön, hat aber eine vortreffliche Lage. Sie war der Sommeraufenthalt der Kurfürsten
von Maynz. Der verstorbene Fürst hat sie durch die schönen
Englischen Anlagen sehr verschönert; und die Natur unter-
stützte die Kunst in einem ausnehmenden Grade.

Der schöne Busch war das ehemalige Lilkheimer
<69> Wäldchen, welches durch seine hohen, wie Säulen aus-
steigenden Tannen einen Tempel oder Saal der Natur bildet.
Rings um denselben ist der Wald durch Seen, Schlösschen
und Gruppierungen reitzend durchflochten. Das schöne
Thal war ein mit Gesträuchen wild verwachsener Stadtgra-
ben oder Zwinger, worin mehrere Stadtthürme und ein altes
verfallenes Nonnen-Kloster standen. Eben so diente die Fasanerie den Bürgern zur nahen Holzung. Da wurde also
diese schon natürliche Anlage nur künstlich benutzt, und als
ein Englischer Garten um die ganze Stadt gezogen. Was
mich besonders reitzte, ist der Tannensaal im schönen Bu-
sche, die Parthie um das alte Kloster im schönen Thale, und
der grosse See mit seiner Feeninsel in der Fasanerie.

Nachdem wir Schloss und Garten besehen, und so
viele Maynzer, welche jetzt hier wohnen, meinen Edmund
bewillkommnet hatten, fuhren wir über Seligenstadt zurück. Hier besuchten wir den braven Prälaten der Abtei, und
das kostbare marmorne Grab Eginhards[15] und der Emma,
welches liebende Paar ehemals in Umarmungen verschlungen, nun auch noch nach dem Tode in Einem Sarge ver-
schlossen, beisammen ruht. <70>

Biberich.

Gestern in aller Frühe trat Edmund in mein Zimmer, riss die Vorhänge von meinem Bette weg, schüttelte mich aus dem Schlafe, und sagte:

Auf, Freund! die Morgenröthe verspricht uns einen schönen Tag, wir wollen eine Wallfahrt nach Biberich und in die Bäder machen. Bisher hast du nur unsere zerstörten Wohnungen gesehen, nun will ich dir unsern Garten zeigen, der sich unter Maynz bis Bingen erstreckt, und grösstentheils noch unverwüstet erhalten ist.

Ich kleidete mich an, und wir gingen an den Rhein, wo uns schon eine Gesellschaft schöner Frauen und Herren in einem Kahne erwartete.

Kaum hatten wir unsere Sitze eingenommen, und unsere Morgengrüsse umher abgelegt, als schon die Ufer der Stadt zurückwichen, und die über das Wasser hangenden Hecken und Gesträuche der jenseitigen Auen an unserm Nachen vorbeistreiften. So schnell fliesst der Rhein hier unter den Mühlen.

Auf der Peters- und kurfürstlichen Aue stiegen wir aus, und betrachteten die Trümmer des <71> Lustschlösschens und die abgestutzten Sträuche des Englischen Gartens, welche ehemals ein Stück der schönen Anlagen um Maynz waren, und nun einsam und traurig zwischen Schanzen und Pallisaden umherstehen.

Wir wandten bald den Blick von diesen unglücklichen Gegenständen weg, stiegen wieder in unsern Kahn, und schlüpften so zwischen, der Peters- und Ingelheimer Aue hinab nach Biberich.

Da während dem Kriege alle schattigten Bäume um
Maynz ahgehauen und die Spaziergänge verwüstet wurden,
ist jetzt Biberich mit seinem schönen Garten ein von den
Maynzern stark besuchter Ort. Auch findet man gleich bei
seinem Eingänge in dem Wirthshause ›zur Krone‹ eine gute
Bewirthung und eine herrliche Aussicht den Rhein hinab.
Wir stiegen da aus, und nahmen nach einem kleinen Frühstücke die Schönheiten dieses Ortes, wo der Fürst von Nas-
sau-Usingen seine Residenz hat, in Augenschein.

Das Bibericher Schloss hat eine der reitzendsten Lagen am ganzen Rheinstrome. Es ist gerade an dem Punkte
angelegt, wo der Fluss einen weiten Umschweif von Norden
nach Westen macht, und zwei ganz verschiedene Aussichten
mit einander verbindet. Man mag nun den Rhein hinauf o-
der hinunter fahren, so strahlet einem immer dieses schöne
<72> Schloss mit seinen freundlichen Formen und röthli-
chen Gesimsen aus den dunkelblauen Gebirgen des Rheingaues entgegen.

Das Gebäude ist einfach und in einem grossen edlen
Stile angelegt. Es besteht aus drei Flügeln, wovon der mitt-
lere sich längs einer Linden-Allee am Rheine herzieht, und
mit seiner auf acht Ionischen Säulen ruhenden runden Kup-
pel einen prächtigen Anblick gewährt. Die zwei gleichen
Nebenflügel erstrecken sich landeinwärts gegen die Gebirge
und umfassen das Parterre des daran stossenden Gartens.
Das Innere des Schlosses ist eben so einfach und mit Galle-
rien und Gemählden *al fresco* geziert. Der Garten wechselt
mit Französischen und Englischen Anlagen ab. In der Mitte
desselben ist ein grosses Bassin mit ausspringenden Wasser-
künsten; auf beiden Seiten mit den Nebenflügeln gleichlaufend ziehen sich schattigte Kastanien-Alleen hin, welche mit
zwei Sinesischen Häuschen enden. Wenn man auf der Terrasse am Bassin steht, hat man durch eine dreifache Reihe
hoher Bäume auch eine dreifache Aussicht gegen die schön
gewölbten Berge bei Wisbaden hin, wovon eine jede den

Blick entweder auf ein altes Mauerwerk, oder auf den Mosbacher Kirchenthurm, oder auf ein Dorf leitet. Mit der Terrasse gleichlaufend dehnt sich eine Fläche oben abgestutzter Bäume aus, unter die man auf Treppen, <73> wie in einen buschigten Keller herabsteigen kann, und im Sommer den erquickendsten Schatten findet.

Die Spaziergänge ausser dem Garten auf den Wiesen bei Mosbach oder längs den Mühlbächen sind eben so reitzend; noch sind alle Wege und Felder umher mit Bäumen und Früchten besetzt, und der wilde Kriegsgott schien hier, von dem Lande selbst entzückt, einen Sprung gemacht oder wenigstens von seiner Wuth ausgeruht zu haben.

Wir gingen aus dem Bibericher Garten über eine schöne Wiese mit hohen Bäumen beschattet nach Mosbach, wo uns schon einige Wagen erwarteten, um nach Wisbaden zu fahren. Ich wollte so eben mit einigen Damen einsteigen, als mich Edmund bei der Hand fasste, und sagte:

Lassen wir die andern vorausfahren, wir beide wollen noch einen kleinen Nebensprung machen. Ich will dir nun auch im Ganzen zeigen, was du bisher nur im Einzelnen gesehen hast.

Bei diesen Worten klammerte er sich an meinen Arm, führte mich mit raschem Schritte über die Wisbader Chaussée, den Landgraben hin, auf die Erbenheimer Anhöhen. Er bat mich nicht eher umzusehen, bis wir an Ort und Stelle wären. Auf einmal machte er halb rechts, und das ganze schöne, herrliche Rheingau lag vor uns. Ich halte diese Aussicht für eine der schönsten am Rheine.

Unten am Fusse der Hügel zieht sich ein anhaltender <74> Garten von Obstbäumen und fruchtbaren Feldern hin, aus dem sich die Gipfel des Bibericher Schlosses und seiner Pappeln dunkel erheben, und gegen den Silberspiegel des Rheins einen prächtigen Vorgrund machen. Jenseits des

Rheins wallen die finstern Tannenhügel des Mombacher Waldes vor dem lichten Himmel her. Am Ende derselben dampft Budenheim im Schatten. Diesseits, o ein schöner und lieblicher Anblick! wölben sich die blauen Gebirge des Rheingaues um den breiten Fluss, welcher hier in einem majestätischen Umschwünge einen grossen See bildet, und die in der Morgensonne glänzenden Bilder von Schierstein, Walluf und Eltvil glänzend zurückwirft. Aus dem fernen Morgendufte dämmer der Johannis- und Rochus-Berg, und unten grauet der düstre Schlund bei Bingen.

Mit dieser vollen bilderreichen Aussicht kontrastirt auffallend die entgegengesetzte über Kassel, Kostheim und Hochheim hin. Da liegt Maynz rechts im Thale, und vor dir erstreckt sich eine unermessene, lichte Ebene von Wasser und Land bis an die fernen hellblauen Gebirge der Bergstrasse. Sie wiegt das bisher bewegte Auge und Herz zur sanften Ruhe.

Hinter den Erbenheimer Anhöhen liegt Sonnenberg in einem finstern Thale. Aus diesem erhebt sich ein Hügel, romantisch und schön die stolzen <75> Ruinen der hoch gethürmten Burg tragend, welche der eben so tapfere als unglückliche Kaiser Adolf von Nassau hier erbauen liess.

Wir wandelten ernsthaft um sie herum, und machten manche Bemerkungen über Glück und Unglück und den Wechsel der menschlichen Dinge.

Unter andern sagte Edmund:

Wäre der wackre Adolf in der Schlacht bei Gelheim nicht gefallen, würde vielleicht das Kaiserhaus hier am Rheine gegründet worden seyn, und dann hätte die Deutsche Nation diesen Fluss schwerlich verloren. Der Kurfürst von Maynz und Oheim Adolfs, Gerhard von Eppstein, war hauptsächlich die Ursache des Sturzes seines Neffen. Er hatte ihn zum Kaiser gemacht, er

stiess ihn auch wieder vom Throne. Damals waren die
Kurfürsten von Maynz noch sehr mächtig im Reiche.
Gerhard rühmte sich, dass er noch mehrere Kaiser in
seiner Tasche stecken habe; allein die Zeiten haben sich
geändert. Das Haus Nassau hat jetzt den besten Theil
der Maynzischen Länder durch den Deputations-
Schluss [1803] erhalten.
Das Land von Hochheim bis Ehrenbreitstein ist das
Paradies von Deutschland und der schönste Englische
Garten, welchen man sich denken kann.
Was anderswo mit vieler Mühe und Kunst und doch
kleinlich zusammengeflickt werden muss, steht hier
gross, schön und herrlich, von den Meisterhänden
<76> der Natur angelegt. In einem solchen Lande
muss ein Fürst Vater eines glücklichen Volkes und
Schützer der Künste werden.

Unter diesen Gesprächen zogen wir an einem Bache
hin nach Wisbaden; wo wir unsere Gesellschaft wieder fanden, und nach einem Mittagsmahle fuhren wir noch denselben Abend die hohe Wurzel hinauf nach Schwalbach.

Ich werde dir ein andermal eine umständliche Beschreibung dieser Bäder zuschicken, jetzt streiche ich sie nur
flüchtig durch. Was mir bei diesem Zuge besonders auffiel,
war die weite Aussicht nach Maynz und die entfernte Bergstrasse hinab auf der sogenannten hohen Wurzel, einer
Berghöhe auf dem Wege nach Schwalbach, und dann die Ba-
degesellschaften in diesen Wildnissen.

Wenn man über die sogenannte Höhe der Berge gekommen ist, verschwinden alle lachenden Bilder, die einen
die Zeit her ergötzten. Wildniss stösst an Wildniss, und
Waldhügel an Waldhügel, zwischen welchen nichts als

steinigtes Haberfeld und einige elende Dörfer mit Stroh gedeckt zu sehen sind.

Die einbrechende Nacht machte die Gegend noch
unfreundlicher und finsterer. Man glaubt in diesen Wildnissen, worin die berühmten Bäder umher liegen, höchstens
eine Kohlenbrennerhütte oder ein Zigeunerlager zu finden;
man rollt über Steine und <77> Hecken einen düstern
Schlund hinab. Man ist bange, hier auszusteigen und zu weilen; auf einmal eröffnet sich einem, wie von Feen gezaubert,
ein schön erleuchteter Saal mit Musik und Spiel, in welchem
niedlich gekleidete Gestalten sich walzend herumdrehen, o-
der in fröhlichen Gesprächen umherwandeln.

Wir stiegen ab an dem Hause, worin der grösste Saal
ist, fassten, vom Taumel ergriffen, sogleich ein Paar schöne
Mädchen, und tanzten so die halbe Nacht hindurch mitten
in einer Wildniss.

Den andern Tag, nachdem wir ein wenig ausgeruht
hatten, suchten wir zu Fusse Adolfs-Eck auf, wovon in dem
Walde hinter Schwalbach nur noch einige Trümmer zu sehen sind. Indessen ist diese zerstörte Burg für jeden gefühlvollen Künstler noch äusserst interessant.

Aus grauen bemoosten Felsen scheinen noch einige
Mauern davon gleichsam hervorzuwachsen. An ihnen hängen armselige Hütten mit kleinen Fenstern und halb verfaul-
ten Strohdächern. Hier, wo einst der stolze Adolf thronte,
und ganz Deutschland beherrschen wollte, haben sich einige
arme Landleute angenistet, welche durch Käse und Kartof-
feln ihr armseliges Leben fristen.

Ich kann dir nicht beschreiben, was dieses einsame
Adolfs-Eck für einen seltsamen Eindruck auf mich machte.
Diese guten Leute mit ihren <78> Hütten eben kamen mir
vor wie Schwalben, welche eben so, wie sie, ihr friedliches
Nest an die stolzen Ruinen mancher Burg ankleben, und
pfeifen, und den lieben Gott walten lassen.

Von Schwalbach fuhren wir wieder zurück über Schlangenbad, eine halbe Stunde davon entfernt. Die Natur, von der Kunst in etwas unterstützt, hat diesen Ort zu einsamen Spaziergängen so bequem gemacht, dass ich ihn zu stillen Betrachtungen wählen würde.

Von den Quellen, dem Wasser, den Bequemlichkeiten und Gesellschaften aller dieser Bäder werde ich dir ein andermal Nachricht geben, wenn ich über Ems zurückkomme. Für jetzt erhältst du nur eine flüchtige Skizze davon.

Von Schlangenbad kamen wir zwischen dem einsamen Tiefenthal hervor, wo ein Nonnen-Kloster liegt, ganz geschaffen zu mahlerischen Betrachtungen. Die Nonnen sangen eben ihr Vesperlied. Ich dachte dabei an den finstern Todtengesang in Kotzebues Kreuzfahrer, und war froh, dass sich bei Ober-Walluf das Thal öffnete, und uns einen freien Blick in das schöne Rheingau gewährte. Mit nächstem werde ich mit meinem Edmund eine Reise in diess Paradiess vornehmen, und du sollst die Bilder davon erhalten. <79>

Das Rheingau.

Die ersten Strahlen der hinter Kostheim aufgehenden Sonne begrüssten freundlich die rothen Zacken der hohen Martins-Burg. Die nächtlichen Nebel flohen an den jenseitigen Gebirgen das Rheinthal hinab; sanft rauschte der Rhein an den Mühlen vorbei. Die Stadt Maynz erwachte zum neuen Leben. Wir bestiegen einen kleinen Kahn; und schnell entwichen uns die Ufer mit den sich drehenden Häusern und Thürmen in die Ferne

Von der grossen Rhein-Allee bis Mombach sieht man nichts mehr als einzelne Stämme abgehauener Bäume, und die zerbrochenen Steine der Ruhebänke. Alles umher trägt noch das Bild des Krieges. Schanzen und Gräben,

Pallisaden und Blockhäuser durchschneiden rechts und links die Ufer und Spaziergänge; nur unter der sogenannten steinernen Brücke findet man noch einige Spuren der schönen Anlage wieder,

Ein kleiner Hain, der nahe am Rheine die Alleen begrenzte, wirft seinen erquickenden Schatten auf ein frischgrünes Ufer, welches längs dem klaren <80> Flusse hin eine Menge Landengen und Kessel bildet, und mannichfaltig, bald mit Hecken und Gesträuchen, bald mit Stämmen und Wasserbauten dem anströmenden Rheine trotzt. Dicht am Haine hin stellen hie und da einzelne Fischerhäuschen von moosichten Bretern aufgeführt, und zwischen denselben ihre Garne auf Stangen Guirlanden artig aufgesteckt. Weiter unten werden die Bäume lichter.

Unter denselben sieht man Felder, Wiesen und Gesträuche vorbeifliehen; und von ihren Ästen herab erschallen die Lieder der muntern Amseln und Nachtigallen.

Während dem man sich an diesen schönen Gegenständen der Natur ergötzt, dreht sich mit dem Flusse auch der Kahn; und die hohe Scene des herrlichen Rheingaues breitet sich vor dem überraschten Auge aus.

Wenn man von Maynz bis Caub den Rhein hinabfährt, hat das Ganze drei grosse Hauptansichten. Die erste erhält man, wenn man zwischen den Auen bei Biberich hervorkömmt; die zweite an der sogenannten grossen Giesse bei Hattenheim; und die dritte, wenn man bei Rüdesheim in den Gebirgsschlund des Binger Loches hinabrollt. Die erstere ist mannichfaltig und lieblich; die zweite edel und erhaben; die dritte gross und schauerlich.

Ich habe dir schon das Bild der erstern, aber <81> auf einem hohen Standpunkte, nämlich bei Erbenheim geschildert. Hier erscheint es der Nähe wegen um so schöner und deutlicher. Zur rechten macht das geschmackvoll eingerichtete Bibericher Schloss sogleich einen grossen Eindruck im Vordergrunde. Einzelne Pappeln ragen über seinen

Dächern hervor. Hinter ihm schwellen höher die Rheingauer Berge herauf. Unter Schierstein verlieren sie sich immer sanfter und heller in dem fernen Dufte. Mitten in der Landschaft breitet sich der Rhein wie ein See aus, in dem die schönen Bilder der Natur gaukeln. Die Auen und Weinhügel werden sanft beleuchtete Hintergründe, und die Landspitzen, entweder mit Obstgärten oder Dörfern besetzt, schieben sich hintereinander hervor, wie die Coulissen auf einem Theater.

Unten auf der silberhellen Fläche des Rheins winken die zwei alten Gothischen Thürme von Eltvil einem über eine Stunde lang entgegen, und hinten strahlet duftig der Johanns-Berg mit seinem weissen Schlosse hervor.

So schleicht man den stillen Rhein hinunter; bei einem jeden Ruderschlage dreht sich ein neuer Gegenstand, eine andere Thurmspitze hervor. Die Städtchen und Dörfer liegen oft nur einen Büchsenschuss weit von einander. Da folgen, wie in einer Zauber-Laterne, Walluf, Eltvil, Erbach, Hattenheim, Oestrich, Mittelheim, Winkel und <82> Geisenheim. Um alle windet sich längs dem Rheine her eine anhaltende Reihe von Obst- und Weingärten, von Wiesen und Meierhöfen, an denen der Wandrer wie an einem mit Blumen durchflochtenen Gängelbande sanft hinabgeführt wird.

Das linke Rheinufer von Budenheim bis Heydesheim ist bei weitem nicht so schön und mannichfältig, als das rechte. Ein einfarbiger finstrer Tannenwald deckt seine sandigten Anhöhen, welche bei Ingelheim zur Haide werden. Aber eben desswegen kontrastirt es desto auffallender mit dem rechten, und erhebt dessen Schönheit wunderbar. Nicht der Schauplatz, sondern das Theater muss dekorirt seyn, wenn das Spiel Effect machen soll. Indessen bringen die baum- und buschreichen Auen, welche längs dem linken Rheinufer hinlaufen, und hinter welchen die jenseitigen Dörfer versteckt hervorblikken, das Ganze in die sanfteste Verbindung.

Von Eltvil bis weit über Hattenheim ziehen sich mehrere Auen, wie schwimmende Gärten, mit den beiden Ufern gleichlaufend hinab, welche der Rhein mit seinen hellgrünen Armen umschlingt und über das Wasser empor-hebt. Als da ist die Langwerther Aue, der alte Sand, die Mönch-Aue, die Rhein-Aue und so fort. Der Ton dieser Ei-lande selbst ist mannichfaltig und entzückend, obwohl viele durch die Verwüstungen des Kriegs <83> gelitten haben. Auf denselben wechseln fruchtbare Saatfelder mit lachenden Wiesen, wilde Gebüsche mit lichten Wäldchen ab. In ihrer Mitte findet man Landhäuser und Bauerhöfe mit allen At-tributen der Landwirtschaft, und fette Kühe weiden im ho-hen Grase. Rings um sie zieht sich ein natürlicher Englischer Garten mit Hecken und mannichfaltigem Gehölze, welches bald blühende, bald traurige Äste über den Rhein hängt.

Da die hohen Bäume und Gebüsche dieser Auen die Aussicht auf die benachbarten Ufer merklich verstecken, so stiegen wir zu Eltvil aus dem Nachen, nahmen in dem schö-nen Wirthshause ›zur Rose‹ unser Stand-Quartier, und gin-gen dann zu Fuss weiter hinab, um mitten im Lande einige frohe Tage zuzubringen.

Man sieht wohl, dass Edmund hier zu Hause und ein Liebling des Rheins ist. Auf allen Strassen liefen ihm die Leute entgegen, aus allen Fenstern winkten ihm die Weiber, und in allen Häusern ist ihm Quartier bereitet. Das ist nun so Sitte in dem gastfreundlichen Lande. Da haben sich die Edlen und Reichen in allen Dörfern und Flecken mit Land-häusern und Weingarten angesiedelt, und geniessen in einem freundschaftlichen Kreise den Sommer und Herbst hin-durch die schöne Natur.

Gleich zu Schierstein besitzt die Familie von <84> Holzhausen einen schönen Garten. Hinter diesem Orte weiter unten liegen auf einer weinreichen Anhöhe die Ar-mader und Solerischen Höfe. Am Ufer zu Walluf steht das runde Lusthaus der Grafen von Stadion, welche auch gen über zu Budenheim einen geschmackvollen Garten hatten. Zwischen Walluf und Eltvil sieht man landeinwärts auf einer fruchtbaren Ebene den Schafhof, ganz zur Landwirthschaft geschaffen. Die Hälfte der Häuser-Reihe am Ufer zu Eltvil nimmt das grosse Haus der Grafen von Elz ein. Am Ende des Städtchens baueten sich die Herren Knein und Langen einen schönen Sommeraufenthalt. Nicht weit hinter Eltvil liegt Kidrich mit einer Gothischen Kirche im schattigen Thale, wo die Herren von Ritter unter blühenden Obstbäumen die ländliche Stille suchen. Über dem Dorfe wählten sie sich ein besonderes Plätzchen, die Rittersruhe, wo sie nach Maynz sehen können. Zwischen Eltvil und Erbach kommt man dicht am Draiser Hofe vorbei, ehemals den Erbacher Mönchen gehörig, mit grossen Scheunen und Keltern umgeben. Beym Eingänge in Erbach findet man das Birkenstockische Haus, und am Ende dieses Orts hat sich der Herr Graf von Westfalen ländlich angesiedelt, und ein eben so geschmackvolles als prächtiges Landhaus erbauet, was einem die schönsten Aussichten den Rhein hinab darbietet. <85>

Zwischen den Bäumen vor Hattenheim suchte der Herr Weihbischof Heimes ein ruhiges *Tusculum*. Dicht am Rheine steht das freundliche Haus der Weinhändler Mappes, und erstreckt seinen Saal, zwischen den Auen hin mit lieblicher Aussicht. Am Ende des Ortes liegt der Schönborner Hof mit einem köstlichen Weinkeller unter der Erde, und oben mit einem schönen Garten.

Gleich unter Hattenheim sieht man zwischen Obstbäumen und Weingärten den reitzenden Reichardshauser Hof, auf dem sich alle Schönheiten der Natur mit den Vortheilen der Landwirthschaft paaren. Zu Östrich sind mehrere Landhäuser, worunter sich besonders am Eingänge der domkapitularische Zehndenhof und weiter unten das von Cunibertische auszeichnen.

Vom Östricher Kranen hinab glänzet einem das liebe, freundliche Lindische Haus zu Mittelheim entgegen.

Ganz Winkel ist längs dem Rheine hin mit Garten und Landhäusern besetzt;, hinter ihm im schönen Thale findet man Vollraz versteckt.

Zu Geisenheim haben nebst mehreren andern Familien die Herren Grafen von Schönborn, Ingelheim und Ostein, und die Freiherren von Hopfer prächtige Höfe. Am Ende des Fleckens bauete sich erst kürzlich der Herr Graf von Metternich ein schönes Sommerhaus. Zu Rüdesheim ist endlich der <86> Sammelplatz mehrerer Familien; und selbst in dem finstern Asmannshausen findet man noch Landgüter.

Edmund ist bei allen diesen Güterbesitzern wie zu Hause, du kannst dir also leicht vorstellen, dass wir hier gute Tage haben. Es ist auch kein Wunder, wenn man hier fröhlich wird, denn die Gastfreundlichkeit und Munterkeit erstreckt sich bis auf die geringste und ärmste Klasse von Menschen. Schon der Abt Bertola[16] machte auf seiner Rheinreise die Bemerkung, dass ihm die Bewohner dieser Gegenden ein besonders gutmüthiges und freundliches Wesen zu haben schienen, was man in andern Ländern nicht anträfe.

Der Rheinwein.

Neulich machten wir in Gesellschaft einiger Freunde, welche zugleich Weinhändler sind, eine Wallfahrt nach dem Kloster Erbach. Am Wege bilden sich die schönsten Spaziergänge durch Wiesengründe und mancherlei Gehölz, aus dem sich zwischen Eichen und hohen Pappeln die Gebäude des Neuhofs und das romantische Dorf Hallgarten erheben. Die Abtei selbst liegt ganz in dem Walde versteckt, und in einem finstern Thale. Man sieht sie <87> nicht eher, bis man auf ihre Thore trifft. Der heilige Abt Bernhard [von Clairvaux] hat den Grund dazu gelegt, als er nach

Deutschland kam, und vom Kaiser Konrad selbst dem Volke vorgetragen, den Kreuzzug predigte [1146]. Die Gebäude sind theils alt, theils neu. Besonders zeichnet sich der tiefe Kreuzgang durch die finstern Eindrücke aus, die er auf einen macht.

Der Pater Keller, und der gelehrte Pater Bär, auch berühmt durch seine Beiträge zur Geschichte des Rheingaues, bewirtheten uns. Ersterer ist ein Mann von vielen ökonomischen, letzterer von historischen Kenntnissen. Diese Geistlichen unterhielten uns über den Anbau des Weins, über seine Güte und Pflege, über die Geschichte und Verfassung des Rheingaues; und Bär sagte, dass das Kloster Erbach eigentlich Eberbach heissen sollte, indem ein Eber dem heiligen Bernhard, als er hier ausruhte, mit seinem in die Erde wühlenden Rüssel den Riss dazu gezeichnet habe. Der Pater Keller erzählte dann weiter fort: wie eigentlich die Mönche den grössten und besten Theil der Weinberge angebaut hatten, und wie ihre ökonomische Einrichtung nothwendig gewesen sei, um die grossen Weinberge zu unterhalten; denn ohne das Stroh und den Dünger, welchen sie jenseits von ihren andern Höfen herbeischafften, konnte in dem getreideleeren Lande der Weinstock ohnmöglich sein Fett und seine Nahrung <88> ziehen. Ursprünglich seyen auch nur zwei Gattungen von Trauben hier angepflanzt worden; nämlich die Hunischen und Fränkischen. Aber der Weinbau habe ausserordentlich dadurch gewonnen, dass sie jeder Lage und jedem Boden den gehörigen Stock gegeben hätten. So würde jetzt in den tiefern Gärten der Muskateller und Fränsch; zu Asmannshausen der rothe Burgunder, Klebroth genannt; zu Nierstein der Harthengst; im Rüdesheimer Berge der Orländische; im ganzen aber der gewürzte Riessling gepflanzt; und dieser letztere sei eigentlich die wahre Rheintraube, wie das die Hochheimer, Markebronner, Johannsberger und Hinterhäuser Weine bewiesen.

Von den verschiedenen Traubenarten kamen wir auf
die verschiedenen Lagen und Gewächse. Die Pater hatten
uns während dem Gespräche in den grossen Keller geführt,
wo vor dem Kriege die Quintessenz guter Rheinweine verborgen war. Jetzt liegen nur noch einige Stücke einzeln auf
den langen kahlen Balken, und unsre Stimmen lauteten
dumpf und hohl, wie die leeren Fässer.

Ja, sagte der Pater Keller, *sonst hätten sie da seyn
sollen, da sähe es anders aus.*
Ich war hier, antwortete Edmund, *ich habe sie ge-
kostet, die alten, gewürzvollen Weine. Hier lagen die
Neunundsiebenziger, dort die Achtziger; auf jenen
<89> langen Balken die Zwei und Dreyundachtziger,
und um die Ecke herum die Achtundachtziger. O! es
däucht mir noch, wie wir da hausten, als der alte bei-
nahe hundertjährige Greis vom Johannsberge noch
lebte, und seine Proben mitgebracht hatte. Wir haben
sie alle nach der Reihe versucht, und bei einem jeden
andern Jahrgange eine Strophe von Claudius' Rheinweinlied gesungen, indess der alte muntere Greis dabei hüpfte, und sein Käppchen in die Höhe warf.*

Die Mönche und Weinhändler nahmen nun die verschiedenen Sorten und Lagen nach der Reihe vor.

Schon zu Wikert, sagten sie, *werden sie bemerkt haben, dass der Rheinwein beginnt, obwohl er dort zwar
feurig, aber nicht so mild und gewürzig ist, wie der
darauf folgende berühmte Hochheimer. Der zeitliche
Domdechant von Maynz und die Karmeliten zu
Frankfort hatten da die besten Lagen. Auch die Kassler
und Kostheimer Weinberge erstrecken sich in die
Hochheimer Gemarkung, und der Wein aus der*

sogenannten Weissen Erde wird dem Hochheimer gleich geachtet.

Über dem Rheine und ober Maynz sind die Laubenheimer, Bischheimer und Bodenheimer zarte, liebliche Weine, und doch voll Kraft und Muth. Der Niersteiner weiter oben sprüht Feuer und Stärke. An einzelnen Orten kommt ihm <90> der Nackenheimer und Oppenheimer nahe. Zu Worms wächst die Liebfrau-Milch, so zart wie ihr Name. Auch findet man dort noch einen starken Wein im Katerloch. Die sogenannten Pfälzer haben nicht die Kraft, wie die übrigen Rheinweine, weil hier der Stock mit Kleinberger gemischt ist; sind aber für den täglichen Genuss gute, gesunde Getränke; als Haynheimer Knopf, Harschheimer, Deutesheimer, Ebersheimer, Elsheimer, Gauböckelheimer, Algesheimer, Otenheimer und andere. Man nennt sie daher gemeiniglich Tischweine.

Unter allen diesen Weinbergen jenseits des Rheins zeichnet sich der Rochus-Berg bei Bingen besonders aus; indem er, was sonst selten der Fall ist, auf seinen vier Seiten gegen die vier Winde einen guten Wein trägt, worunter denn der gegen Süden liegende Budesheimer oder sogenannte Scharlacher der beste ist, und fast dem Rüdesheimer gleich geachtet wird.

Das diesseitige Ufer von Walluf bis Lorch ist aber das wahre Rheingau und herrliche Weinland. Da öffnet die fruchtbare Natur längs dem Rheine hin ihren schwellenden Schoss der nahen Mittagssonne, um den köstlichen Göttertrank recht ausbrüten und auskochen zu können. Da wachsen sie, wie Claudius singt, am Ufer hin, und geben uns diesen Labewein. <91>

Die Wallufer und Eltviler Gewächse sind zwar gut und angenehm, aber nicht mit den ersten Sorten zu vergleichen. Hinter ihnen am Walde bringt Rauenthal einen starkem Trank hervor, doch ist er ein wenig rasch. Die Erbacher Weine sind gut, aber nach ihnen kommt erst der ächte Nektar.

Zwischen diesem Orte und Hattenheim dachet sich dicht am Rheine der von einem durchrieselnden Bächelchen sogenannte Markebronnen. Er ist längs dem Rheine mit einer Mauer umgeben, und trägt einen Rebensaft voll Kraft und Lieblichkeit.

Hinter Hattenheim, dicht am Kloster Erbach, liegt der bei hundert Morgen grosse Stein-Berg, von den Mönchen selbst angebauet. Unter Hattenheim findet man gleich mit einer Mauer umgeben den Pfaffenberg und Reichardshauser Hof mit vortrefflichen Reben geschmückt.

Östrich, Mittelheim und Winkel haben gute Lagen. Ihre Weine sind lieblich und zart, doch nicht so stark als der Markebronner. Aber hinter ihnen thront der Johannsberger voll Feuer und Gewürz. Der beste wächst gerade unter dem Schlosse, und hat fast den Geschmack des Mallaga. Diese sonderbare Gähre schreibt man dem Umstande zu, dass er erst spät und fast faul und überreif gelesen wird. Er erhält daher jenes saftige eines <92> Liqueurs oder Strohweins, und bleibt, in Bouteillen gefasst, lange trübe. Der Rothenberger zu Geisenheim hat eine ähnliche Lage, und wird daher dem Johannsberger an einigen Orten gleich geschätzt[1].

---

[1] In der Vorlage: „gescähtzt".

Auf dem Rothenberge ziehen die Grafen von Ingelheim und Herren von Hopfer, dann die Herren Häfner und Traut die besten Gewächse.

Wir kommen nun an den wahren Thron des Weingottes, nach Rüdesheim. Das vordere Feld bei Eubingen giebt nur gute Weine. Aber dicht hinter den Häusern steigen die Weinberge wie ein Dach in die Höhe, auf welche die Sonne brennt, und den köstlichen Hinterhäuser hervorbringt. Die Herren von Boest, Frankenstein und Ritter ziehen darauf den besten, und im Jahre achtzehnhundert wurde ein Stück davon auch um achtzehnhundert Gulden von der Kelter weg verkauft.

Unter Rüdesheim ist der Berg, wo der Bacchus seinen Bauch in den Rhein zu hängen scheint, um ihn von der Sonne so recht sieden und braten zu lassen. Hier auf unzähligen Mäuerchen wächst der herrliche Bergwein voll Brand und Gluth. Er wird bloss aus Orländischen Trauben gezogen, hat also nicht das Gewürz des Hinterhäuser Riesslings; ist aber feuriger.

Unter dem Rüdesheimer Berge breitet der rothe Asmannshäuser seinen Purpurmantel aus. Er <93> wird dem Burgunder gleich geschätzt an Lieblichkeit, Feuer und Würze. Zu Heimbach, Lorch und an andern Ortschaften zieht man auch noch rothe und weisse Weine, worunter der Bodenthäler der beste ist;, aber sie kommen den Hauptweinen nicht bei. Bacharach ist berühmt durch den Muskateller, welcher in guten Lagen einen eignen köstlichen Geschmack hat.

Nachdem die Mönche und Weinhändler auf diese Art die Muster-Karten der Rheinweine durchgenommen hatten, wurde unter ihnen ausgemacht, dass die Laubenheimer, Bischheimer und Asmannshauser die lieblichsten; die Hochheimer, Johannsberger, Hinterhäuser und Rothenberger die gewürzvollesten; die Niersteiner, Markebronner und Rüdesheimer Bergweine die stärksten und feurigsten seyen.

Ingelheim.

Ich habe dich in meinem vorigen Briefe mit dem köstlichen Weine unterhalten; heute sollst du von Liebe hören. Und wahrhaftig, kein Land ist mehr dazu gemacht, beides in einem hohen Grade zu geniessen, als das Rheingau. <94>
Nach vielen Wanderungen und herrlichen Tagen, welche wir bisher zugebracht hatten, setzten wir bei der sogenannten Heyden-Fahrt über den Rhein, gingen über Heydesheim durchs Wackenheimer Loch, auf der Landstrasse, welche von Maynz nach Bingen führt, und so rechts weiter fort nach Nieder-Ingelheim.

Wenn man das Rheingau mit seinen mannichfältigen Schönheiten wie auf einem Bilde übersehen will, muss man von Maynz über Ingelheim nach Bingen fahren. Diese Aussicht wird um so überraschender, weil die Landschaft so lange durch die Hohlwege bei und hinter Finthen gedeckt ist, bis man auf der Anhöhe des Wackenheimer Lochs ober Ingelheim hervorkömmt. Nun erst rollet sich das schöne Gemählde mit allen seinen Bergen, Feldern, Weinhügeln, Auen und Ortschaften gross und herrlich längs dem Rheine hinab auf. Da kannst du von Ort zu Ort, von Weinberg zu Weinberg, von Aue zu Aue mit freiem Auge alles bis zum Binger Loche unterscheiden, und jedes betrachten und nennen.

Edmund stand vor mir wie ein erfahrener Schulmeister an einer Rechentafel, und zeigte mir mit seinem

Stocke alle Dörfer und Städte, Felder und Weinberge, und nannte sie mit ihren Namen.

Welch ein Mann, rief er hiebei aus, *welch ein Mann war <95> Karl der Grosse, welcher hier erzogen und geboren wurde, und den herrlichen Palast anlegen liess, wovon ich dir gleich die Überreste zeigen werde. Bald zog er bis an den Ebro und Raab, um die Mohren und Hunnen zu schlagen; bald versammelte er seine Nation am Rhein und Main, um Gesetze zu geben; bald genoss er hier oder zu Aachen die schöne Natur, und lebte im Kreise geistreicher Menschen und seiner Familie. Man erstaunt, wenn man seine Kapitularien liest. Der Gesetzgeber über Kirchen und Staaten ist hier auch Gesetzgeber über Bäume und Weinstöcke, über Butter und Eyer.*

Wir sprangen hierauf mit unsern Bemerkungen auf unsere Zeiten und ihre merkwürdigen Ereignisse, und wünschten den Werken des ersten Consuls [Bonaparte] Karls Glück und Dauer.

Denn Niederreissen, sagte Edmund weiter, *ist eben keine grosse Kunst, das verstanden die Barbaren, welche das alte Römische Reich zertrümmerten, besser, als die Sansculotten unserer Zeiten. Aber sie führten auf den Trümmern wieder ein neues Gebäude auf, was gross und fest war, und dessen Spuren noch jetzt ehrwürdig dastehen, wie die alten Burgen und Kirchen am Rheine hinab. Bei der Französischen Revolution wollte man Römische und Englische Gesetze, alte und neue Manieren, demokratische Anarchie mit militairischem Despotismus, Religion und Irreligion <96>*

zusammenfügen; daher der Wechsel der Gesetze, Kon-
stitutionen und Regierungen; aber Karl der Grosse
thürmte Städte und Dörfer, Gauen und Herzogthü-
mer, Kirchen und Nationen mit kühner Freiheit auf ei-
nander, und umschlang alles mit dem sanften Bande
der christlichen Religion; daher währte es auch über
tausend Jahre, und steht noch fest. Dem Sieger bei Ar-
coli[17] *und Marengo ist es vorbehalten, der verwüsten-*
den Anarchie ein Ende zu machen, und ein neues
Fränkisches Reich zu stiften, auf Freiheit und Ord-
nung gegründet.

Unter diesen Gesprächen kamen wir wieder nach
Nieder-Ingelheim, welches sich der Länge des Berges hinab
bis in das Thal erstreckt. Wir blieben da zu Mittag, und wan-
derten dann unter den Trümmern des Palastes herum, den
Karl hier an der Anhöhe erbauen liess. Der weite Umfang
der Mauern, welche jetzt mehrere arme Bauerhäuschen umschliessen, lässt auf dessen Grösse, und die Marmorsäulen,
welche von Ravenna hieher geführt, an den Wänden stehen,
auf die Pracht desselben schliessen.

Wir liessen uns bei einem alten Gemäuer nieder,
warfen bald unsre Blicke nach der herrlichen Gegend, bald
nach den hervorstrebenden Ruinen umher, und waren in
Gedanken versunken.

Auf einmal drehte sich Edmund zu mir herüber,
<97> und rief laut:

O Ossian! Nun klage man mir noch einmal, fuhr er
fort, *über den barbarischen Geschmack jener Zeiten!*
Steht nicht der Frankenkönig Karl im achten Jahrhun-
derte hier grösser und herrlicher da, als der Franken-
könig Ludwig XIV. im achtzehnten Jahrhunderte zu
Versailles? Was wollen denn diese neuen

Baumarchitekten mit ihren Wäldchen und Irrgängen, mit ihren Weiherchen und Kartenhäusern? Hier ist die Wohnung eines grossen Fürsten! Hier das ganze schöne Land sein Garten! O Freund! wie glücklich war Eginhard, bei einem solchen Manne Geheimschreiber, und bei der schönen Tochter dieses Mannes Geliebter gewesen zu seyn. Vielleicht ist eben dieses Bruchstück, woran wir sitzen, gerade ein Theil jenes Schlafkämmerleins, worin Emma ihren Liebsten heimlich aufnahm, und im Genüsse der schönen Natur ihm den ersten Liebeskuss aufdrückte. Vielleicht ist jenes kleine Bauerngärtchen dort ein Theil des geräumigen Schlossplatzes, über welchen sie ihn zur Nachtzeit, im liebenden Herzen tragend, auch durch den Schnee trug. Dort unten an der Selzbach wandelten sie unter dem Schatten der hohen Bäume hin, und bildeten zusammen ihren Geist und ihre Herzen.

Und wie herrlich war das Leben dieses Mannes durchmischt! Am Morgen bearbeitete er mit <98> einem der grössten Regenten die Angelegenheiten einer halben Welt, am Abend lag er in den Armen eines liebenden Mädchens und der schönen Natur, und empfing den doppelten Lohn seiner Arbeit, Ehrenstellen von den Händen des Vaters, Liebesküsse von den Lippen der Tochter. O Freund! wir haben ihre Asche besucht, dort zu Seligenstadt, wo der Main die sanften Gebirge des Freigerichts bespühlt; dort liegen sie, wie im Leben, so auch noch im Tode vereinigt.

Mit diesen Gefühlen wandelten wir hinab in das dampfende Thal von Weinheim, wo die breite Selzbach sich unter überhangenden Weiden und blühenden Hecken stille in den Rhein ergiesst.

Zwischen dem Schatten einer nahen Aue und einer Menge von Bäumen bildet hier das Ufer ein romantisches Plätzchen, ganz mit grünen Matten und Vergissmeinnicht überdeckt. Es ladet Freunde zu einsamen Spaziergängen, und Liebende zur Ruhe ein. Das nahe Wasser kühlte die Strahlen der Sonne ab, die Abendlüfte wehten die Wohlgerüche der blühenden Apfelbäume her, und aus den Gebüschen hallten die schmelzenden Gesänge der Nachtigallen.

Kaum waren wir hier angelangt, und hatten uns ins weiche Gras gelegt, als zwischen den Auen ein Kahn voll Herren und schöner Frauenzimmer hervorschlich, und sich mit seiner Spitze dem Ufer von <99> Weinheim nahete. Bei dieser Erscheinung färbten sich plötzlich die Wangen meines Freundes, seine Augen funkelten wie ein kristallener Schattenquell, ich fühlte seine Hand in der meinen zittern.

Als der Nachen dem Ufer näher kam, raffte sich Edmund aus dem Grase, drückte mich heftig an sein schlagendes Herz und sagte:

O Freund! wenn du mich lieb hast, so lass mich hier allein. Morgen will ich dir die Ursache entdecken, warum ich das von dir fodre.

Mit diesen flüchtigen Worten riss er sich aus meinen Armen, floh zu dem Nachen, sprang, noch ehe er gelandet war, über das steile Ufer weg hinein, küsste einem schlanken weiss gekleideten Frauenzimmer die Hand, und führte sie sanft über das ausgeworfene Bret ans Ufer.

Die übrige Gesellschaft setzte sich bald darauf in einem frohen Kreise auf den schattigten Rasen. Die Schiffer brachten Körbe mit Essen und Flaschen gefüllt. Edmund legte sich hinter die Dame, so er geführt hatte. Man sah aus allen Bewegungen seines Körpers, dass auch sein Geist bewegt sei. Ich zog mich hinter den Bäumen allein zurück, und erhielt heute folgenden Brief von ihm. <100>

Emma.

Ich bin der glücklichste und unglücklichste Mensch unter der Sonne. Glücklich, denn alles das strömt jetzt gewaltig auf mein Herz und meine Sinne ein, was die Natur nur schönes und gutes hat: unglücklich, denn ein unauflösliches Band hält das höchste Ziel meines Glückes von mir entfernt.

Ich habe wohl nicht nöthig, dir die Ursache meiner gestrigen Trennung von dir zu entdecken. Du wirst wohl selbst gesehen haben, dass das Weib, was mit der Gesellschaft zu Weinheim angefahren kam, mich gewaltig an sich zog. Ich lernte sie voriges Jahr auf die seltsamste Weise kennen. Wir interessirten einander, ohne selbst zu wissen, was in uns vorging; und jetzt erst wird es mir deutlicher.

Ich will sie dir des Ortes wegen künftig Emma nennen; aber ein unübersteiglicheres Hinderniss als ein Kaiserthron steht zwischen ihr und mir. Lass mich über das übrige einen heiligen Schleier werfen. Du weisst nun genug, um meine Lage zu verstehen. Mit nächstem sehe ich dich wieder, und du sollst selbst finden, ob ich beneidungs- oder bedaurungswerth bin. <101>

Seit einiger Zeit hörte und sahe ich nichts von ihm. Er läuft, wie ein rasender Roland im Lande her um. Hier hast du einige Briefe von ihm, welche dir seine Lage und auch die schönsten Plätzchen des Rheingaues beschreiben werden.

Das Maigeläut.

Verzeihe, mein Bester! dass ich so lange nichts von mir hören liess. Nur meine sonderbare Lage hier trägt die Entschuldigung. Gestern nach dem Abendmahle führte ich Emmen auf ihr Zimmer. Ihr

Kammermädchen hatte noch einige Weibergeschäfte abzuthun, und kam also nicht sogleich nach. Ich war fest entschlossen, mich von ihr zu trennen, küsste ihr die Hand, und wollte so Abschied nehmen. Allein sie zog mich sanft zurück, und sagte: „Bleiben sie noch eine Zeitlang. Ihre Gegenwart ist mir hier auf dem Lande unentbehrlich geworden."

Ich schwieg, folgte dem Zuge ihrer weichen Hand; wir stellten uns zusammen an ein Fenster, und blickten hinaus auf den lieben Rhein, der so sanft und stille, wie ihre Gefühle, am Hause vorbeischlich.

Es war eine schöne heitere Nacht. Der Mond flimmerte in dem leicht bewegten Wasser. <102> Die blühenden Trauben dufteten wohlriechend von den Wein-Stöcken herauf. Alles war stille und ruhig. Auf einmal hörte man von den fernen Thürmen das Maigeläut.

„O Edmund! Edmund!" rief sie, und lehnte ihre nassen Wangen an die meinigen. Jetzt fühlte ich ihre Thränen über mein Gesicht rollen. Ich drückte sie fest an mein Herz und sagte: „Ich verstehe dich!"

Freund, wer da nicht geblieben wäre, ist entweder ein Gott oder ein Holzblock.

Vollraz.

Wenn ich mich noch lange hier herum treibe, erhältst du ein ganzes Heldengedicht von mir, zwar nicht so schulgerecht, wie die, so wir kennen; allein gewiss so wahr gefühlt. Und was anders gab den grossen Dichtern jenen hohen Schwung, als Liebe und die Heldenthaten ihrer Zeit? Da konnten wohl ein Ariosto oder Tasso Rolanden und Rinalden, Armiden und Erminien schildern. Jener hatte das Schlachtgetümmel der Helden seiner Zeit vor Augen; dieser fühlte in den Armen seiner edlen Prinzessin Eleonora einen Himmel. Gestern war Emmens Geburtstag; und da er <103> besonders verherrlicht werden sollte, zogen unsere Weiber schon früh nach dem schönen Rittergute der Herren von Greifenklau, Vollraz, um dort einen frohen Schmauss zum Feste zu bereiten. Ich hatte eine Menge verdrüsslicher Geschäfte abzuthun, und viele Briefe zu schreiben, musste also bis gen Mittag zu Hause bleiben, und den schönen Morgen mit Arbeiten zubringen.

Sobald ich den letzten Brief versiegelt hatte, lief ich die Stiege herab, schwang mich schnell auf ein Pferd, was schon gesattelt im Hofe stand, und voll Übermuth die Erde scharrte, und rannte so im hellen Gallop durch den schönen Wiesengrund hinter Winkel in das Thal hinein, an dessen Ende das freundliche Schloss aus dem dunklen Walde hervorstrahlte.

Ich achtete weder Hecken noch Stauden, weder Gräben noch Pfützen; mein Pferd musste im raschen Fluge darüber setzen, indessen mir der Staub und das Wasser über dem Kopfe zusammensprützte.

Als ich zum Schlossthore hineingesprengt war, sahe ich keinen Menschen, und hörte nichts, als das Bellen der Kettenhunde und das Schreyen der aufgebrachten Welschen Hähne mit ihren roth aufgeschwollenen Kämmen. Ich stieg vom Pferde, band es am Geländer an, ging in den Garten, und fand auch da keine Seele, als den kleinen Gärtnerjungen, <104> welcher mir bedeutete: dass die Gesellschaft nach dem Walde gegangen sei. Flugs war ich wieder auf dem Pferde, rannte um die Mauern herum, spornte das schäumende Thier die Höhe hinauf, und fand –

O Freund! was waren das herrliche Zeiten, wo die Ritter und Damen einander suchten und fanden, und nur Tapferkeit und Liebe entschied, wer die Schönen haben sollte!

Hinter dem Schlosse Vollraz ziehet sich dichter und schattiger der Wald an der Höhe hinauf. Dort ist ein viereckigter Teich angebracht, um darin das Wasser für die Springbrunnen im Garten zu sammeln. Ringsumher stehen hohe Linden und Buchen zwischen den zackigten Eichen, und werfen ihre schlanken Gestalten in das dunkelklare Wasser zurück. Jenseits des Teiches stand Emma in einem leichten weissen Sommerkleide mit rosenfarbenen Schleppen auf ihre Freundin gestützt, und stierte mit tiefen Gedanken in das Wasser, worin sich ihre schöne Gestalt abspiegelte.

Wie sie mich sahe, bogen sich sanft ihre Knie, ihre zarten Wangen überzogen sich mit einer lieblichen Röthe, und aus dem holden Auge strahlte Freude, Güte und Überraschung.

Ich band mein Pferd an einen Baum, sprang zu ihr hinüber, drückte ihr feurig die Hand, und hätte <105> ihr mit Leib und Seele in die Augen springen mögen, so sehr ergriff mich das liebliche Bild.

Das Ganze des Auftritts machte den seltsamsten Eindruck auf mein Herz. Die schöne Gruppe des Weibes mit ihrer Freundin, das unruhige Stampfen des Pferdes am Baume, was schier den Zügel zerriss, der klare Spiegel des Wassers mit den schlanken schattigten Bäumen umher, und unten das Schloss und die Aussicht auf den Rhein — alles dieses versetzte mich in die Zeiten der Paladine und Feenschlösser, der Liebe und Zauberei. Ich hätte mich an ihrer Seite ins Wasser stürzen und so mit dem schönen Bilde begraben können, wäre nicht gerade die übrige Gesellschaft aus dem Walde gekommen.

Wir zogen nun wieder hinab zu dem Schlosse. Die Gesellschaft paarweis unter einander in Jubel und Freude, ich zwischen meiner Dame und meinem Pferde in tiefem Gefühle. In dem Saale des Gartenhauses, welcher eine herrliche Aussicht auf den Rhein gewährt, war eine niedliche Tafel gedeckt, wir setzten uns herum, und assen und tranken, und schwatzten und sangen. Und manches Glas wurde ausgeleert auf die Gesundheit derjenigen, welche heute die Welt beglückt hatte.

Am Abend wurde mit Fleiss ein Kartenspiel rangirt, um Emmen die Anstalten zu verbergen, welche man umher in dem Garten machte. Ich hatte <106> alles angeordnet, Lampen und Bogen, Inschriften und Pyramiden. Auf einmal wurde durch eine Rakete das Zeichen gegeben. Ich sprang vom Spieltische auf, fasste ihre Hand, und führte sie zum Fenster, wo der ganze schön beleuchtete Garten ihren Namen verherrlichte.

Tiefen Eindruck hat dieser Anblick auf ihr Herz gemacht. Die Thränen traten ihr in die Augen. Ich führte sie hinab, um alles umher sehen und lesen zu können, und da wir hinter einer Taxus Wand vorbei kamen, wo uns die übrige Gesellschaft nicht sehen konnte, küsste sie mich heftig, und sagte: „So einen schönen Tag hab ich noch nie gehabt!"

Auch ich fühlte diesen schönen Tag in meinem Herzen, und so tief, dass alle künftige Tage meines Lebens keinen Werth, mehr für mich haben werden.

Der Johanns-Berg.

Ehe du diesen Brief liesest, gehe an dein Clavier, und spiele dir aus Haydns Schöpfung das herrliche *Mit Würd und Hoheit angethan* u. s. w. vor; besonders die Passage, wo die Pauken so <107> kräftig einfallen: *Ein König der Natur.* Mögen doch unsre Landesherren und Juristen streiten und prozessiren: nur der ist Herr eines Dinges, der es zu geniessen weiss.

Gestern Abend machte ich mit Emma einen der schönsten Spaziergänge von Winkel aus durch den sogenannten Johannsgrund an dem Bache her, welcher viele Mühlen treibend sich endlich am Ende des Fleckens in den Rhein ergiesst.

Schon bei seinem Ausflusse zwischen den nahen Häusern ist er romantisch und interessant. Da hängen sich Weiden und blühende Obstbäume über ihn her, kleine Brücken von zerbrochenen Mühlrädern und Steinen führen darüber. Aus jedem Hause geht auf kleinen Treppchen ein Zugang herab, neben welchem Milchtöpfe unter Körben verwahrt im kühlen Wasser stehen; und überall sieht man Mädchen am Ufer beschäftigt, indessen ihre Wäsche auf den benachbarten Hecken flattert.

Hinter Winkel zieht sich längs dem Bache ein natürlicher Englischer Garten hin mit schönen, lachenden Wiesen, Baumgruppen, Gehängen und Mühlen abwechselnd. Unten am Fusse des Johanns-Berges, wird der Gang enger, die mannichfaltig ausstrebenden Bäume dichter. Zwischen dem Gebüsche ragen die Häuser der Clause und des Dorfes hervor, und über denselben erhebt sich der schön gewölbte, <108> königliche Johanns-Berg mit seinem neuen prächtigen Schlosse.

Wir kletterten zwischen den Weinbergen hinauf. An dem Schlossthore kam uns der Pater Keller entgegen, und lud uns zu einem freundschaftlichen Abendmahle ein. Er zeigte uns das Schloss mit seinen schönen Zimmern und Aussichten, und den grossen Keller, der lang wie ein Kreuzgang unter den drei Flügeln des Schlosses fortläuft, und sonst mit einer dreifachen Reihe köstlicher Weine gefüllt war. Er nahm hierauf das Licht und führte die Gesellschaft in das sogenannte Kabinettchen: „Kommen Sie mit mir, sagte er, in dieser Berghöhle lag sonst der wahre Schatz voll Geist, Gewürz und Süssigkeit." Man folgte ihm und fand noch einige Stücke köstlichen Weins von den letzten Jahrgängen. Wir freuten uns selbst in diesem unterirdischen Gange, auf welchem oben der beste Wein wächst, und unten der beste verborgen wird.

Während dem wir Männer den Göttertrank hinunter schlürften, war Emma hinauf zum Schlosse gestiegen. Ich suchte sie bald, und fand sie auf dem Altane sitzen, die herrliche Aussicht betrachtend. Ich holte mir aus dem grossen Saale einen Stuhl, setzte mich neben sie, und wir sahen so, ohne viel zu reden, die Sonne untergehen.

Ich kann dir nicht sagen, wie gross und herrlich <109> ich mich da fühlte. Da sass ich wie ein König der Natur bei dem vortrefflichen Weibe. Die Abhänge der köstlichen Weinberge waren die Stufen meines Thrones, wovon eine jede eine Tonne Goldes werth ist. Die duftenden Felder und Wiesen im Thale waren meine Teppiche, mit Blumen und goldenen Ähren geschmückt. Der majestätische Rhein mit seinen zahllosen Städten und Dörfern lag mir zu Füssen, und über mir wölbte sich der vom Abendgolde glänzende Himmel.

Vom zuströmenden Genusse betäubt, fasste ich nun Emmen kräftig in meine Arme, küsste feurig ihre süssen Lippen, und sagte: „Wer ist nun Herr von allen diesen Vortreflichkeiten? Ich, der ich sie so gewaltig fühle, oder der Fürst Abt von Fulda, der sie nie gesehen hat?" Jetzt fühlte ich Emmens Herz unter meiner Hand; ihr reiner Busen schwellte mir entgegen; ihr liebes Angesicht färbte sich schön und schamhaft wie die Abendröthe. Sie drückte sanft mich von sich, und sagte: „Und doch kann uns der Fürst von Fulda vertreiben, wenn es ihm jetzt beliebte hier zu seyn." Diese Worte empörten mein Herz. Ich fing an zu knirschen und zu wüthen, und fühlte mich zu grossen Wagstücken aufgelegt. Aber zum Glücke kam unsre Gesellschaft herauf in den Saal. Emma fasste sich, und drehete ihr glühendes, verwirrtes Angesicht hinweg. Wir <110> sagten dem guten Pater gute Nacht, und schlichen so, vom stillen Monde sanft beleuchtet, bei ruhigem Gefühlen den Berg hinab zur Ruhe.

Das Gottesthal.

„Man muss nicht immer wie ein Adler hoch über alle Berge zur Sonne fliegen, und im zerstörenden Schwunge sich und andre zu Grunde richten. Auch die friedliche Lerche steigt sanft empor, und trillert ihr frohes Lied; aber sie senkt sich auch bald wieder zur Erde, und wärmt ihr Nest und ernährt ihre Jungen." So sagte Emma nach den letzten Auftritten auf dem Johanns-Berg.

Und wozu führt auch all unser Streben am Ende! Ruhe und häusliches Glück sucht der Held wie der Bettler. O warum ist es mir nicht vergönnt, hier in diesem schönen Lande meine Hütte aufzuschlagen, und an der Seite dieses guten Weibes mich neben meinen Herd zu setzen!

Wir suchen jetzt einsamere Spaziergänge und häuslichere Auftritte; und da wallen wir oft nach dem Nonnen-Kloster Gottesthal, hinter welchem sich die schönsten ländlichen Scenen darbieten. Hier in dem schattigten Thale liegen einsam und still <111> mehrere Mühlen, wovon eine immer inniger und vertraulicher aussieht, als die andre. Ein frischer Waldstrom rauscht an ihnen vorbei, und verkriecht sich wieder unter die wilden Gebüsche. Der Boden des Thals ist eine sanfte, grüne Wiese, mit Blümchen bestreut. Neben ihr erstrecken sich kleinere und grössere Bäume, oben ist das Ganze mit einem dunkeln Walde begrenzt.

Auf der dritten dieser Mühlen, welche ein besondres patriarchalisches Ansehen hat, lassen wir uns gemeiniglich nieder. Da finden wir eine glückliche Familie, eine freundliche Aufwartung und eine köstliche Milch, süss wie Mandeln, und schäumend über die Töpfe.

An den röthlichen Balken des einen Hauses windet sich ein blühender Weinstock hinauf. Unter seinen Reben sind Bänke von gebrochenen Mühlrädern und gebogenen Asten zusammengeheftet. Vor denselben steht der Stamm eines dicken abgehauenen Eichbaums als Tisch, und nebenher fliesst der lebendige frische Bach, um den Wein und die Milch zu kühlen.

Die freundliche Müllerin mag ein schönes Weib gewesen seyn. Noch findet man Spuren der deutschen Züge an ihr; wie sie Tacitus beschreibt. Sie hat einen Knaben von sechs bis sieben Jahren, welcher noch ganz Natur ist, und weiter nichts kennt, <112> als seinen Mühlgrund; aber darin alles genau und bestimmt. Er weiss alle Vogelnester der ganzen Gegend; fängt Krebse wie ein Fischreiher, und klettert die Bäume hinauf wie ein Eichhörnchen.

Ich mache mir manchen Spass mit ihm, und frage ihn über das und jenes. Seine Antworten sind bestimmt und richtig. Was über seine

Sphäre geht, davon schweigt er. Nun dachte ich oft an unsre Erziehungs-Methoden. Da lesen und lernen die Kinder den ganzen Tag, und hören von Helden und Staatssachen, von Philosophie und den entferntesten Welttheilen; aber wenn sie nur einen eignen Gedanken fassen, oder über einen zugefrornen Bach gehen sollen, stehen sie da, wie Bildstöcke, und wissen sich nicht zu helfen und zu rathen.

In dieser patriarchalischen Einsamkeit vertreiben wir uns jetzt manchen Tag. Die Weiber nähen und stricken, backen und kochen, indess wir Männer herumziehen und jagen oder spielen, bis dann der hölzerne Tisch gedeckt ist, und die Flaschen aus dem klaren Wasser hervorgeholt werden.

Nach dem Mahle lese ich der Gesellschaft entweder eine Stelle aus der Patriarchen-Geschichte oder aus Homers Odyssee vor; und da träumen wir uns in die Zeiten der Unschuld und Einfalt, wo die Väter unter ihren Kindern sassen, die Mädchen an die Brunnen gingen, und um sie gefreiet wurde, <113> und der Segen des sterbenden Altvaters über Kinder und Kindeskinder und ganze Geschlechter ausgesprochen wurde.

Am Abend ziehen wir froh und vergnügt nach Hause, und hören dann noch die Nonnen ihr *Salve regina* singen. Da denke ich mir nun das *O clemens! o pia!* von Allegri[18], und führe meine Emma über die Bäche der ersten Mühle, wo sich die Weiber wegen der weiten Spur auf einen Bauerwagen setzen müssen, um so ganz ländlich die Hohlwege hinabzufahren.

Geisenheim.

Du wirst nun bereits alle Schönheiten des obern Rheingaues in Augenschein genommen haben. Mit nächstem komme ich zu dir, um dich auch mit den hiesigen bekannt zu machen. Hier und besonders in dem schönen Geisenheim wirst du gewiss eine eben so angenehme Unterhaltung finden als in dem freundlichen Eltvil.

Vor einigen Tagen wurde ich von der Familie von N. eingeladen. Ich konnte es nicht wohl abschlagen; und da Emma ohne diess nicht ganz guter <114> Laune war, zog ich am Morgen nach Geisenheim, um dort meine Freunde zu besuchen.

Dieser Flecken ist einer der schönsten und angenehmsten im ganzen Lande. Auf einer Seite lachen ihn die lieblichen Auen und Triften von oben herab an, auf der andern giebt ihm das Grosse, Schauerliche von unten herauf ein feierliches Ansehen; und alles in einer so sanften Mischung, dass er beides zu verbinden scheint. Eine Menge adlicher und anderer Familien haben hier ihre Landhäuser, und die meisten kommen jetzt schon hieher, um das ländliche Vergnügen zu genießen, wozu denn Geisenheim eigentlich gemacht zu seyn scheint.

Auf dem etwas langen, aber sehr reitzenden Wege von Winkel unterhielt ich mich theils mit Singen, theils mit Beobachtung des Farbenspiels, was jetzt die Sonne auf den mannichfaltigen Gegenständen der schönen Natur umher hervorbrachte. O! ich bin doch recht froh, dass ich mahlen und schreiben kann, und die Musik verstehe. Die schönen Künste sind eine unerschöpfliche Quelle des Vergnügens, und selbst Trost und Balsam im Unglück.

Als ich näher zu dem Orte kam, hörte ich das feierliche Geläute der Glocken, und fand meine Freunde in der Kirche, wo sie dem Gottesdienste beiwohnten. Wir betrachteten da Rauchmüllers[19] schöne Arbeit an dem Grabmahle, was der grosse <115> Kurfürst Johann Philipp seinem Vater hier setzen liess. Ich weiss nicht, ob du schon etwas von diesem berühmten Künstler gesehen hast. In Maynz arbeitete er lange; und die Dreifaltigkeits-Säule in Wien ist sein Werk. In der Delikatesse kommt er dem Bernini, und im hohen Schwünge des Ausdrucks dem Raphael bei.

Dieses Grabmahl erinnerte uns, dass auch Johann Philipp [von Schönborn] Geisenheim zu seinem Sommeraufenthalte gewählt hatte, um da, von Staatsgeschäften ausruhend, die schöne Natur zu geniessen. Hier war es, wo er das wichtige Gespräch zwischen dem guten Bartholomäus Holzhausen, und dem lichten Denker Leibnitz anstelle. Der grosse Fürst hatte beide in seinen Diensten, und versuchte es hier, welch ein Kontrast! einen dunkelsehenden Propheten und hellsehenden Philosophen zu vereinigen, und zu seinen grossen Zwecken zu benutzen.

Wir wünschten nun zu wissen, was wohl der Inhalt eines Gesprächs gewesen seyn möchte, wovon man so viel sagte, und von welchem beide vergnügt ausgingen. Es ist zu bedauern, dass man nur einige unbefriedigende Nachrichten davon hat. Ich für meinen Theil glaube, dass Leibnitzens Theodizee und des Bartholomäus Visionen uns den besten Aufschluss darüber geben können. Beide Werke preisen Gottes geheime Leitung der Welt und ihre <116> Harmonie. Nur gehen sie von verschiedenen Gesichtspunkten aus. Leibnitz sieht selbst das Übel als ein nothwendiges Werkzeug der göttlichen Gerechtigkeit, und Bartholomäus die Verfolgungen und Laster der Kirche als nothwendige Reinigungen der Religion an. Jener brachte seine lichtvollen Gedanken aus dem freundlichen Maynz hieher, dieser seine dunklen geheimnissvollen Visionen aus dem finstern Bingen, und der kluge Kurfürst wusste beides zu vereinigen.

Hier traf ich nun einen freundschaftlichen Zusammenfluss von Güterbesitzern oder sogenannten Forensen an, welche so recht das Landleben zu kosten wissen. Da werden unter ihnen Spaziergänge und Spazierfahrten zu Wasser und zu Lande angestellt, ländliche Bälle und Schauspiele gegeben, gelesen, gezeichnet und musicirt.

Wir nahmen Theil an diesen Vergnügungen, und die junge, schöne Gräfin von J. entzückte uns durch ihr meisterhaftes Spiel am Clavier. Die Musik veranlasste einen ästhetischen Disput über den Ausdruck der Künste. Einer von der Gesellschaft wollte behaupten, dass nur die Dichter bestimmte Gefühle und Leidenschaften ausdrücken könnten. Der Tonkünstler müsste sich bloss auf angenehme Modulationen einschränken, und sich aller beschreibenden Poesie und des Ausdrucks gewisser Empfindungen enthalten. <117>

Da er viel satyrische Anlage hatte, machte er sich an einige Compositionen und mich, der sein Gegner war. Ich ergriff aber heftig das Wort und sagte:

Dass Mahler und Bildhauer Leidenschaften und Gefühle ausdrücken können, werden Sie uns wohl nicht streitig machen; denn sonst müssten Sie blind seyn. Sehen Sie nur hier auf diesen Kupferstichen den Unterschied der Köpfe, Stellungen und Gesichtszüge. Ich will nun gar nicht einmal von Raphaels berühmter Schule von Athen reden, und dass dieser grosse

Künstler darin sogar die verschiedenen Meinungen der Philosophen dargestellt habe. Aber geben Sie mir einen Bleistift, und ich werde Ihnen auf der Stelle ein Paar Köpfe hinzeichnen, worin Sie Freude, Schmerz, Schwermuth, Zorn oder Verzweiflung ausgedruckt finden sollen.

Von Mahlerei, erwiederte mein Gegner, war die Rede nicht, sondern von Musik; und da läugne ich nun, dass sie bestimmte Gefühle auszudrücken fällig sei. In den meisten Compositionen werden wir bloss durch den Text, auf den sie gesetzt sind, getäuscht, und glauben dann so Liebe, Zorn, Andacht, Schrecken zu finden, wo nur die Worte des Dichters davon reden.

Nein, behauptete ich, auch ohne allen Text muss die Musik allein schon das Gefühl in uns erregen, nachdem sie gesetzt ist; und dieses gründet <118> sich nicht in willkührlichen Zusammenfügungen von Tönen, sondern in der Natur unsrer Organisation selbst. Bei einem jeden Gefühle gehen andere Schwingungen in unserm Geiste vor, und diese Verschiedenheit ist der Massstab der Modulation und Melodien bei der Composition. Diese Schwingungen sind bei Schwermuth und Andacht langsam und gezogen, wie ein festliches Geläute; bei Freude und Zorn rasch, heftig und schneidend, wie ein Meeressturm; bei stiller Freude und Liebe süss auf- und abwiegend, wie der durch einen Zephir-Wind bewegte Rhein. Man müsste seine eigene Existenz verläugnen, und niemals etwas *gefühlt haben, wenn man dieses läugnen wollte. Nun vergleichen Sie damit die Compositionen der grossen Meister. Ist ihre Modulation, ihre Melodie, ihr Tempo und ihre Begleitung nicht gänzlich nach diesen Geistesschwingungen gerichtet? Wo hat ein grosser Compositeur ein Allegro und leichte hüpfende Töne bei Schwermuth und Andacht, oder ein Adagio und sanfte Modulationen bei Zorn oder Verzweiflung angebracht? Doch was soll ich viel reden? Kommen Sie her ans Clavier; die Frau Gräfin soll Sie mit dem ihrer zarten Finget eher bekehren, als meine Worte.*

Ich bat sie, einige der auffallendsten Stellen aus Haydns Schöpfung zu spielen. Zum Beispiel das überraschende: *Es werde Licht*; das schöne <119> mahlerische Rezitativ: *Und Gott sprach: Es werden Thiere*; das sanfte liebliche: *Nun beut die Flur* u. s. w. ; das hohe majestätische: *Mit Würd' und Hoheit angethan*; das liebevolle: *Holder Gatte!* — und andre.

Bei einer jeden Stelle machte ich die Gesellschaft auf den Ausdruck aufmerksam, und ging sogar bis auf die besondere Begleitung der Instrumente. Als das: *Von deiner Güte, o Herr und Gott!* gesungen wurde, und wir gerade an die Stelle kamen, wo der Chor einfällt, riss ich ein Fenster auf, zeigte der Gesellschaft die herrliche Aussicht auf das schöne Rheingau in der Blüthe und Fülle, und rief laut: „Nun wer hier nicht Andacht fühlt, ist gewiss ein Gottesläugner." Die ganze Gesellschaft war hingerissen von dem grossen herrlichen Gesange, und mein Widersacher musste öffentlich Glaubensbekenntniss ablegen. <120>

Rüdesheim.

Ich soll nun einmal keine Ruhe haben. Alles trägt hier bei, mich recht zu berauschen und zu betäuben.

Gestern zogen wir schon sehr früh hinaus, weil der entwölkte Himmel einen warmen Tag verkündigte. Wir nahmen unsre Richtung an den traulichen Mühlen hinter Östrich herum nach der schattigten Wiese am Reichardshauser Hofe. Einsam und ländlich sind hier die Spaziergänge; indem sich der Fusspfad und die Wege um die Gärten und Mühlen labyrintisch winden und einander durchkreuzen.

Wir hatten uns eben in der Laube eines Müllers niedergelassen, als wir vom Rheine her das schöne Duett aus Titus: *In deinem Arm zu weilen* hörten, von blasenden Instrumenten gespielt. Wie von einem elektrischen Schlage berührt, sprangen wir beide zusammen auf, liefen Hand in Hand an den Rhein, und sahen auf dem stillen Wasser einen Kahn herabschleichen, dessen gleicher Ruderschlag mit der Musik einen tiefen Eindruck auf uns machte. <121>

„O, rief Emma, könnten wir doch auch so fahren!" Auf dieses Wort hörten wir meinen Namen rufen, und die Frauenzimmer winkten uns mit weissen Tüchern entgegen. Die Schiffer drehten nun das Fahrzeug nach dem Ufer gen Östrich zu. Die Musik stimmte ein frohes Getön an, und nun erkannte ich meine Freunde von H., welche uns zuriefen, und ehe noch der Nachen ans Land kam, um uns abzuholen.

Emma wurde ganz roth bei diesem Auftritte, sie zog sich in mich hinein, entschuldigte sich, dass sie nicht angekleidet sei. Meine Freunde drangen auf sie ein; ich machte kurzen Prozess, fasste sie in die Arme, hob sie in das Schiff, und sagte: „Die Feldlilien umher sind auch nicht geputzt, und doch schöner, als Salomo in seiner Herrlichkeit."

Ich kann dir nicht sagen, in welche süsse Schwermuth mich diese entzückende Fahrt versetzte. Nach dem Wiegen und Tempo der Musik schien sich auch unser Kahn zu bewegen, und immer schönere Bilder hervorzuschieben. Zu Rüdesheim stiegen wir aus, und nahmen bei unserm braven H. ein Frühstück unter den Ruinen eines alten viereckigten Gebäudes am Ende des Fleckens, um welches er einen niedlichen Englischen Garten gepflanzt hat.

Während dem sich unsre Damen zur <122> vorhabenden Ersteigung des Niederwaldes stärkten, genossen wir die schöne Aussicht am Rheine gen Bingen hinunter, und unterhielten uns über die Geschichte dieses sonderbaren Gebäudes. Wegen der eigenen Bauart desselben ist man noch nicht einig, ob es Römischen oder Gothischen Ursprungs sei. So viel ist gewiss, dass sowohl die Art des Mauerwerkes, als die Form der Fenster und Gewölbe Römisch scheinen. Wenn man nun noch bedenkt, dass dieses siegreiche Volk bei einer jeden grossen Festung, welche es am Rheine bauete, zugleich eins oder mehrere Vorwerke diesseits des Flusses anlegte, um die schnellen Überfälle der Deutschen abzuhalten, so wird es noch wahrscheinlicher. Die lateinischen Namen mehrerer Orte im Rheingau, als *Altavilla* – Eltvil, *Vinicella* – Winkel, *Laureacum* – Lorch und andre, lassen vermuthen, dass auch hier, Bingen gegenüber, ein gleiches versucht wurde.

Freilich sieht man an dem andern Gebäude weiter oben mit dem hohen Thurme, noch Bruchstücke von Fenstern, Erkern und Gesimsen im Gothischen Stile; allein das Ganze hat den nämlichen Ton, wie das vorliegende, und wahrscheinlich sind diese Nebenstücke erst später angesetzt worden.

Während den mittlern Zeiten kam diese alte Burg in die Hände der Herren Brömser von Rüdesheim, einer der ältesten Familien im Rheingau. <123>

Als die männlichen Zweige dieses Stammes im sechzehnten Jahrhunderte abgestorben waren, theilten sich von weiblicher Seite her, die Herren Grafen von Metternich, und die Freiherren von Erthal, Bettendorf und Frankenstein in dessen Erbe und Güter.

Unsern Weibern wurden diese gelehrten antiquarischen Untersuchungen langweilig. Ich suchte daher ihre Phantasie mit romantischem Bildern zu unterhalten, und da so eben die Rede von den Brömsern von Rüdesheim war, sagte ich: „Lasst uns das ächte Stammhaus dieser Ritter besuchen." Der Vorschlag wurde angenommen, und wir gingen zusammen nach der Burg, welche mit ihren kleinen spitzen Thürmchen dicht an den Weinbergen hinten am Orte liegt.

Da sahen wir denn die alten Säle und Keller, die Haus-Kapelle und Schlafkämmerlein, nebst allen den Bruchstücken der alten Ritterlegende von Hans Brömser von Rüdesheim.

In dem grossen Saale sind die Wände noch mit den Familien-Gemählden geziert, wo immer Mann und Weib auf einem Bilde stehen, mit Name, Jahrzahl, Wappen und Reimlein. In der Kapelle hängt ein Luster, woran man die Hörner jenes Ochsen sieht, welcher das Wunderbildchen von Nothgottes herausgegraben haben soll. In der Kirche zu Nothgottes <124> findet man noch die Zunge des Drachen, den Brömser erlegt, und die Ketten, so er getragen hat, und endlich das Bildchen, was den Anlass zur ganzen Legende gab.

Wir traten hierauf in das mit Gothischen Figuren bemahlte Schlafkämmerlein. Hier sieht man noch das weite, breite Ehebett mit Schnitzwerk und Bildern aus dem alten Testamente geziert, und auf eheliche Treue deutend. Neben dem Bette steht ein niedliches Schränkchen von gleicher Art und Geschmack, worin vermuthlich die Brautgeschenke verwahrt wurden; und hin und wieder findet man alte Gerätschaften, Stühle und Fussschemel. Alles in einem sonderbaren innigen Tone.

Emma betrachtete diese Dinge genau, und fragte nach andern. Der Hofmann, durch sie aufgemuntert, erzählte ihr die ganze Legende.

Wie der edle und feste Hans Brömser von Rüdesheim in das gelobte Land gezogen, gegen die Ungläubigen gefochten, in Gefangenschaft gerathen, einen Drachen erlegt, und dafür Gott zum Danke eine Kirche zu erbauen angelobet habe. Als er wieder glücklich nach Hause zu seinem lieben Weibe und Kindern gekommen, habe er das Gelübde vergessen; sei aber durch einen fürchterlichen Traum, und das Bildchen, welches sein Knecht im Walde fand, und Nothgottes rief, wieder daran erinnert <125> worden, und so habe er die Kirche zu Nothgottes erbauet.

Wir Männer machten nun manche drollige Bemerkung über die Legende, und die tollen Unternehmungen der Kreuzfahrer.

Aber diese Zeiten, sagte Emma, *haben doch auch ihre schöne und grosse Seite gehabt. Es war so was edles, heldisches bei den Männern, so was gutes, frommes bei den Weibern, wofür wir jetzt gar keinen Sinn haben. Freilich hatte der Mann viele unnütze Gefahren zu bestehen, und das Weib bei seinem Wegseyn vieles zu dulden; aber welch ein Wiederkommen! Und was macht uns noch jetzt die Odyssee so schätzbar?*

Wohlan denn, antwortete ich hierauf, *wenn Sie an solchen Geschichten einen so grossen Wohlgefallen haben, können wir sogleich zu der Legende von Nothgottes ein treffendes Seitenstück in Eubingen haben. Wir dürfen nur einen kleinen Umweg rechts machen, und wir finden dort in diesem Kloster noch die ganze romantische Hinterlassenschaft jener durch Schriften und Prophezeihungen berühmten Hildegard, welche die Stifterin desselben war. Die ursprüngliche Wohnung der Nonnen war eigentlich der traurige Ruperts-Berg bei Bingen. Da aber während dem dreyssigjährigen Kriege die alte Clause zerstört wurde, flohen sie mit ihren Schätzen und Dokumenten <126> hieher, siedelten sich hinter Rüdesheim an, und nannten jetzt das Kloster Eubingen. Lassen Sie uns also eine Wallfahrt dahin machen. Es wird den Damen auch wohl thun, den beschwerlichen Weg durch eine kleine Ruhe zu unterbrechen.*

Mein Vorschlag hatte allgemeinen Beifall; und unsre schönen Pilgerinnen waren alle neugierig, die Reliquien dieser schwärmerischen Heldin ihres Geschlechtes zu sehen. Man zeigte ihnen noch die Briefe, von ihrer eigenen Hand an Päbste, Könige und Fürsten geschrieben, ihr mit schönen Farben gewähltes Gebetbuch, das Messer, was ihr der heilige Bernhard geschenkt hat, und ihren Ring mit der merkwürdigen Umschrift: Ich leide gerne!

Ich steckte dieses Kleinod Emmen an die zarten Finger. Sie betrachtete die Schrift mit Gefühl, zog den Ring wieder von der Hand, und sagte: „Wenn ich für beständig einen Ring tragen würde, sollte es dieser seyn.“

Ich verstand sie, aber die andern lachten; und als wir unsern Weg weiter fortsetzten, sagte einer von der Gesellschaft spottend:

Ich glaube gar, unsre liebe Freundin hat Lust bekom-
men, die Stifterin eines Klosters zu werden! Es wäre
aber doch ewig Schade, wenn wieder so schöne Weiber
in einem solchen Kerker lebendig vergraben werden
sollten. <127>

Wir alle lachten über die drollige Bemerkung, und Emma selbst
trieb ihren Spott damit; aber bald wurde sie wieder ernsthafter, und antwortete:

Ich kenne die Ketten und Ausschweifungen der
Manns- und Nonnen-Klöster nur zu viel, und wün-
sche ihre jetzige Vernichtung; aber wie manche Ehe ist
für ein gefühlvolles Weib drückender, als ein Kloster!
Wenn Emma von Falkenstein in Kotzebues Kreuzfah-
rer Mitleid erregt, so verdient doch auch die Königin
Elisabeth in Schillers ›Don Karlos‹ unsre ganze Theil-
nahme.

Sie sagte diess mit so tiefem Gefühle, dass unsre Gesellschaft
verstummte. Ich drückte ihr dabei die Hand mit den Worten: „Ich leide
gerne!"

So bestiegen wir den berühmten Rüdesheimer Berg, um welchen sich steil zum Rheine herab die köstlichen Weinstöcke ziehen, und
auf unzähligen Stufen und Mäuerchen die grossen vollen Trauben der
Mittagssonne zum Kochen darhalten. <128>

Der Niederwald.

Mühsam und beschwerlich war unser Gang auf den Niederwald. Wir mussten unsre Weiber auf einer Menge von Treppchen und
durch steinige Hohlwege hinauf ziehen, auf welchen die stechenden
Sonnenstrahlen abprallten. Wo wir nur einen beträchtlichen Absatz fanden, setzten wir sie unter Hecken und Bäume in den Schatten, und warfen unsre Blicke über das immer mehr aufsteigende Rheingau zurück.

Endlich ermunterten sich unsre schönen Pilgerinnen einander selbst.
Wir hoben sie die letzte und steilste Anhöhe hinauf, und waren an dem
freundlichen Griechischen Tempel, zwischen dessen lichten Säulen das
ganze schöne Land hervorstrahlte.

Es ist gewiss, dass der Graf Ostein keinen schönern Ort wählen
konnte, um eine Englische Anlage zu bilden, als diesen Niederwald. Ich
habe Schwetzingen, den schönen Busch, Görlitz, Nymphenburg, und
andere fürstliche Gärten gesehen, aber was sind jene kleinlichen Lust-
wäldchen und Wendelgänge, jene mit Steinchen < 129 > zusammenge-
pappten Wildnisse und Ruinen, jene Weiherchen und Bächelchen gegen
die grossen Wald- und Felsenthäler, gegen die hohen Burgen und Berg-
schlösser, gegen den herrlichen Rheinstrom, welcher hier bald stille und
majestätisch, wie ein grosser See, bald wild und schäumend, wie ein
Wasserfall, an dem Fusse des Niederwaldes vorbeifliesst. Ich glaube,
dass, ausser der Schweiz und Tivoli, Europa kein Land aufweisen kann,
wo sich in einer kurzen Strecke von nicht gar hundert Schritten so auffallend abwechselnde Bilder der schönen Natur darstellen, als hier.

Auf der einen Seite eröffnet sich dem entzückten Auge eine lachende freundliche Aussicht über blühende Felder und Auen hin, zwischen welchen der Rhein sanft, wie ein Wasserspiegel, daherschleicht;
auf der andern stürzt der überraschte Blick schwindelnd in einen fürchterlichen dunkeln Bergschlund hinab, mit schroffen Felsen und Ruinen
besetzt, in welchem der wilde Fluss brauset. Während dem der entzückte Zuschauer im Zweifel steht, welcher von beiden Ansichten er den
Vorzug geben soll, schlängelt sich aus einer lieblichen lichten Ferne die
silberne Nahe hervor, rauscht unter den Schwibbögen der Binger Brücke durch, und wird unter den Trümmern des Ruperts-Bergs vom wilden Rheine verschlungen. < 130 >

Nachdem wir bei dem Tempel eine Zeitlang geruhet und uns
an der Aussicht ergötzt hatten, gingen wir durch den Wald nach dem
schönen Jagdhause, und stärkten uns durch ein kräftiges Mahl und den
goldnen Rüdesheimer Bergwein. Nach dem Essen besahen wir die von
dem Kriege noch verschonten Theile der Anlage, die Grotte, das alte Ritterschloss und die Eremitage. Bald träumten wir uns in die Zeiten der
Helden vor Troja, bald in jene der Ritter vor Jerusalem.

Bei den Ansichten am Tempel umschwebten mich die schönen Bilder Griechenlands, und der Geist des alten Homers stieg auf mich herab. Da erschienen mir Feste und Opfer, schöne Säulen und Tempel, frohe Tanze und Kampfspiele; und die ganze liebliche Gegend den Rhein hinauf wurde mit Göttern und Helden, Grazien und Musen bevölkert. Bei dem Anblicke der alten Ritterschlösser an dem Binger Schlunde hinab dachte ich an die Zeiten der Paladine und Kreuzzüge, und der Genius des Tasso zauberte mir Luftschlösser und Feen, Gespenster und Riesen, Tourniere und Zweikämpfe vor. Emma erschien mir bald wie eine gute harrende Penelopäa, bald wie eine sanfte liebende Erminia. O Freund! in jenen romantischen Zeiten war es doch auch gut zu leben. Da war die ganze Natur mit einem rosenfarbenen Zauberschleier umgeben, und aus allen <131> Bäumen und Felsen, Flüssen und Meeren, Schlössern und Tempeln sprachen Götter und Engel, Geister und Wunder hervor.

Wenn ich der Graf Ostein wäre, so suchte ich die glücklich gedachte Anlage des Griechischen Tempels auf dem vordern, und des alten Ritterschlosses auf dem hintern Theile des Niederwaldes nur noch weiter hinaus zu führen, weil die Natur hier selbst den Fingerzeig dazu giebt. Für eine liebliche freundliche Landschaft, wie am Tempel, giebt es keine schicklichere Staffage, als aus den Heldenzeiten Griechenlands; diess beweisen die Bilder von Claude Lorrain: und für eine schauerliche wilde Gegend, wie die am Binger Loche, keine passendere, als aus den Ritterzeiten; diess zeigen die Gemählde von Salvator Rosa. Ich würde daher hinter den Tempel einen Hain von Zitronen und Lorbeerbäumen, von Palmen und Platanen pflanzen, und darin dem Homer ein Denkmal errichten. Um das Ritterschloss würde ich alle Attribute der Chevalerie anbringen; und zwischen den dunkeln Eichen müsste die Büste des Tasso hervorleuchten. So wären die zwei romantischsten Zeiten und Ansichten benutzt, und überraschend verbunden.

Wir blieben bis zum Sonnenuntergänge am Tempel liegen, von den schönen Bildern begeistert. Gegen Abend sahen wir ein Floss den Rhein <132> herabschwimmen, und unten von Rüdesheim herauf kam schnaubend ein Bote, welcher uns ankündete, dass unser Freund F. angekommen sey, und uns erwarte. Wir rafften uns auf, rannten froh den Berg hinab, und umarmten ihn am Wirthshause ›zur Krone‹.

Die bezauberten Inseln.

Da bin ich nun in das wahre Land der Feen und Geister, der Ritter und Heiden, der Träume und Mährchen gezaubert. Schon seit einigen Tagen leben wir gar nicht mehr auf der Erde, sondern wir wohnen auf dem schwankenden Rücken des Wassers, oder schwärmen gar in den Regionen der Luftschlösser herum.

Du weisst, dass wir nach der Wallfahrt auf dem Niederwalde unserm Freunde F. entgegen liefen, und ihn zu Rüdesheim uns erwartend fanden. Er lud uns noch denselben Abend auf das Floss ein, und uns allen gefiel es da so wohl, dass wir einmüthig beschlossen, auf dieser schwimmenden Insel zu übernachten. Freund F. bot auch wirklich alle seine Kräfte auf, um Emma, die er so lange nicht gesehen hatte, auf das beste zu bewirthen. Da wurden die Keller <133> von Rüdesheim, der Markt und die Musikanten von Bingen, und die Gärten und Zuckerläden der ganzen Nachbarschaft in Kontribution gesetzt, und alles nach ihrem Willen geordnet.

Du musst dir auch nicht vorstellen, als seyen die Flösse von aller häuslichen Bequemlichkeit entblösst. Mitten auf einer solchen hölzernen Aue siehst du mehrere Häuser mit tapezierten Zimmern und schönen Schlafgemächern, mit weichen Betten und niedlichen Gerätschaften versehen, und um sie her Küchen und Keller, Ställe und Vorrathskammern. Da laufen Hühner in den hölzernen Höfen, Enten schwimmen in den Weihern, und Tauben fliegen auf dem Schlage.

Wir schmaussten und tanzten, sangen und spielten bis in die Nacht hinein, und nun wurde auch beschlossen, einen Theil der Fahrt bis in die Gebirge durch das Binger Loch mitzumachen.

Während dem sich also unsre Weiber zur Ruhe bequemt hatten, kam ich auf den romantischen Gedanken, den vordem Theil des Flosses mit Rasen und Bäumen zu besetzen, damit das Ganze so recht den Anschein einer schwimmenden Insel haben möchte.

Mein Vorschlag wurde angenommen, und sogleich mussten die Flösser-Knechte, deren wir ein Paar Hundert zu Gebot hatten, rechts und links ans Ufer setzen, und von dem nahen Boden Rasenstücke, und <134> von den waldigten Hohen Bäume und Äste herbeischaffen, womit denn die Nacht noch das Floss überdeckt wurde. Da ordnete ich die

Baumgruppen und Rasenplätzchen, die Wege und Gänge an; und neben dem Hause pflanzte ich eine schattigte Laube, worin bei anbrechendem Tage das Frühstück eingenommen werden sollte.

Sobald die Damen aus den Betten gestiegen und angekleidet waren, fanden sie sich wie auf einer bezauberten Insel; und nun wurde unter dem frohen Schalle der Hörner der Befehl gegeben, die Fahrt zu beginnen. Sogleich wurden die Anker umher gelichtet, die starren Seile heraufgezogen, die Ruder ergriffen, und nach dem Takte des Marseiller Marsches der schäumende Rhein gepeitscht. Das Floss fing an zu fliehen.

Kaum hatten wir uns in der Laube zum Frühstücke gesetzt, als schon unsrer freundlichen Zauberinsel eine andre, aber wilde felsigte entgegen kam, welche den Mäusethurm auf ihrem Rücken trug. Der Anblick dieser wechselseitigen Ankunft war seltsam täuschend. Es schien als wenn unsre künstliche Aue voll Erstaunen stille stünde, und die natürliche ihr entgegen liefe, erstere zu empfangen. Je näher wir kamen, desto schneller wurde ihre Ankunft, desto täuschender das Spiel der Phantasie. Man wusste nicht, ob der alte Thurm uns <135> väterlich begrüssen oder fürchterlich über uns herfallen wollte.

Ich kann dir nicht sagen, wie wunderbar und bezaubernd diese herrliche Fahrt war. Während dem wir stille und in behaglicher Ruhe unter der gemachten Laube sassen, und uns beym Frühstück gütlich thaten, rollten wie in einer Zauberlaterne Weinberge und Wiesen, Felsen und Klüfte, alte Schlösser und neue Hauser, Wälder und Dörfer an uns vorbei, und versetzten den Geist in einen süssen Schwindel. Hatten die ausstrebenden Berge hinter uns eine lachende Aussicht zugeschoben, so that sich vor uns eine romantische auf. Wie sich das Floss drehte, wechselten auch die Gegenstände.

Als wir bei dem herrlichen Rüdesheimer Berge vorbeirauschten, stimmten wir das Rheinweinlied an. Bei einer jeden Strophe wurde dem Rheinischen Gotte eine Libation im köstlichen Tranke gebracht, und die Böller auf dem vordem Theile des Flosses abgefeuert. Der Knall dieses Geschützes rollte wie ein naher Donnerschlag den fürchterlichen Felsenschlund hinan, und das ferne Echo wiederholte mit dreifachem Wiederhalle die herrlich polternden Töne.

Unter dem Mäusethurm mussten die Bäume unsrer Insel niedergelegt, und unser Getümmel zur Ruhe gebracht werden, damit der

Steuermann einen freiem Blick, und die Ruderknechte ein regsameres Gehör <136> haben konnten; denn jetzt sah man schon die Klippen des nahen Binger Lochs, und hörte das Brüllen des ergrimmten Rheins.

Wir Männer liefen, begierig die Wirkung und Stösse des Flosses zu sehen, auf den vordern Theil, die Weiber schämten sich zurück zu bleiben, obwohl es ihnen nicht heimlich dabei war. Der Steuermann zog nun seinen Hut ab. Es wurde ein Gebet verrichtet, und er winkte rechts oder links von seiner hölzernen Kanzel herab. Die Ruderknechte strichen aus allen Kräften und in einem fast gleichen Schlage den Rhein; der Schaum an den Felsen verdoppelte sich mit dem Schaume der Ruder; die Felsen flogen vorbei; das Loch eröffnete sich; das Floss stürzte hinab; die Wellen schlugen über es her; die Balken krachten; Emma sank in meine Arme; ich fasste sie fest, und sagte: „Durch Leben und Tod!" Und wir waren drüber.

Ich kann dir nicht sagen, wie das herrliche Gefühl auf mich wirkte. So bald wir durchs Loch waren, wurde die Musik wieder angestimmt, ein Triumphlied gesungen, die Böller abgefeuert, und unser Freudengeschrei von allen Schlössern und Felsen umher frohlockend wiederholt. O Freund! Komm mir jetzt bald nach, um meinen Himmel zu theilen. Ich erwarte dich entweder in Caub oder St. Goar. <137>

Das Wisperthal.

Der Zauberschleier ist gefallen. Emma ist mir entrissen, vielleicht auf ewig. Unsre Fahrt auf dem Flosse war zu schön, zu entzückend, als dass sie nicht durch das widrige Geschick hätte unterbrochen werden sollen.

Als wir in Caub verzollten, erhielt Emma durch einen Eilboten einen Brief, der sie auf der Stelle abrief. Beym Durchlesen veränderte sich ihre Gesichtsfarbe, und ich ahndete schon daraus mein jetziges Unglück. Sie nahm sogleich von ihrem Freunde F. Abschied, und bat ihn, ihr einen Ankernachen zu bereiten, welcher sie nach Rüdesheim bringen könnte, wo sie ein Wagen erwartete. Ich wollte sie begleiten; allein sie zog mich sanft auf die Seite, und sagte mit Thränen in den Augen:

Lieber Edmund! lassen Sie mich allein ziehen und blei-
ben Sie hier. Ich fodre es von Ihrer Freundschaft und
Liebe. Mehr kann ich jetzt nicht sagen. Verlassen Sie
Sich auf mein Herz, und vergessen Sie mich nicht.

Ich stand wie angenagelt, ging nicht vor und, nicht rückwärts,
liess Emmen einsteigen und fahren, <138> so sehr hatte mich ihr Wort
getroffen. Allein da ich sie wirklich sich entfernen sah, ihr Zuwinken,
ihren Blick, und in der Ferne noch ihr Schnupftuch an den Augen bemerkte, nun erst brach mein Schmerz in seiner vollen Heftigkeit aus. Ich
heulte und klagte, und sah ihr nach und winkte ihr zu, bis sie hinter die
Berge verschwunden war.

Unser Freund F. wollte mich nun bei sich auf dem Flosse halten, und suchte mich auf alle Art zu zerstreuen; allein es war umsonst.
Ich liess mich ans Land fahren, lief ihr wie ein Rasender nach, und er-
reichte sie bei Lorch.

Als sie mich erblickte, bemerkte ich eine grosse Bewegung auf
ihrer ganzen Gestalt. Ich hätte mich mit ihr ins Wasser stürzen mögen,
so sehr war ich erschüttert. Ich befahl dem Schiffer stille zu halten, und
wollte zu ihr in den Nachen springen; allein sie rief mir zu: „Unbeson-
nener! was wollen Sie thun? ist das Wort gehalten?" und drehte ihr Gesicht von mir. Ich streckte noch einmal meine Arme gegen sie aus, und
sagte bitter: „So leb denn wohl!"

Der Nachen fing nun wieder an zu gehen, ich kehrte um, und
lief, was ich konnte, durch Lorch an der Wisper oder Gladbach hinauf in
den Felsenrachen, welchen man das Wisperthal nennt.

Für einen Menschen, der alles verloren hat, ist <139> dieser
grässliche Schlund so recht ein passender Aufenthalt. Da verfinstert wildes Gesträuch den freundlichen Himmel. Aufgethürmte Felsen drohen
herab zu stürzen, und dem Unglücklichen ein Grab zu bereiten. Da brauset der Waldstrom durch Schluchten, und erfüllt die schauerliche Stille
mit dumpfem Geräusche. Eulen und Nachtvögel zirpen aus den Felsen-
löchern, der schwarze Rabe schwingt sich schwer durch die Luft, und
wo man Spuren von Menschen antrifft, ist es Armseligkeit in niedern
Hütten oder Ruin in alten Schlössern.

Hier wandle ich jetzt zwischen diesen grausen Scenen der Natur herum. Bald reisse ich mich wild durch Hecken und Klüfte durch, bald setze ich mich weinend auf einen bemoosten Stein, und mische meine Thränen mit dem rauschenden Waldstrom.

O komm, mein Bester! suche mich hier auf, und tröste mich. Nur ihr Leben hält noch das meine zurück. In Caub findest du mich selbst, oder doch Briefe von mir; und dann lass uns die Reise so weit fortsetzen als du willst. <140>

Die Rheinfahrt.

Edmunds letzter Brief hat mich erschüttert. Ich kannte die Heftigkeit seines Gemüthes, und schickte daher sogleich einen Boten an ihn ab, welcher ihm meine schleunige Ankunft versprechen musste.

Dessen Rückkunft beruhigte mich wieder. Er liess mir sagen: dass er mich in Caub erwarte, und dass er nun fest entschlossen sei, in meiner Gesellschaft die Reise fortzusetzen. Ich miethete mir daher einen eigenen Nachen, um nach Lust und Liebe so das Ganze der Schönheiten zu betrachten, welche ich bisher nur im Einzelnen sähe.

Wenn man bei Hattenheim zwischen den Auen und der sogenannten grossen Giesse herauskommt, hat man die zweite und prächtigste Aussicht auf das Rheingau, worauf ich dich besonders aufmerksam machen will. Die Gebirge bilden hier ein grosses herrliches Amphitheater, erst hell und freundlich mit sanften Wölbungen unter Östrich, dann finster und kühn mit ausstrotzenden Felsenwänden unter Bingen. Am Fusse der Berge liegen längs dem Rheine <141> hin mehrere Ortschaften hinter einander geschoben, welche mit ihren vielen Häusern und Thürmen nur eine grosse Stadt auszumachen scheinen. Von Landspitze zu Landspitze glänzten da in der Morgensonne Östrich mit seinem vorstehenden Kranen, Mittelheim mit dem freundlichen

Lindischen Hause, das lange häuserreiche Winkel, Bartholomä, und an der äussersten Spitze Geisenheim mit seinen beiden Thürmen. Über allen diesen mannichfaltigen Gebäuden thront der herrliche Johanns-Berg wie eine Citadelle; und unten im weiten Thale hat die bildende Natur den silberhellen Wasserspiegel des Rheins ausgebreitet, um ihre mannichfaltigen Schönheiten darin selbst bewundern zu können.

Nach diesem allgemeinen. Anblicke wird die Fahrt noch interessanter durch die verschiedenen Gegenstände und Veränderungen der Scenen, welche bei einer jeden Wendung des Schiffs sich vor den Augen herdrehen. Da erscheinen nach einander Dörfer und Weingärten, Auen und Schlösser, Haine und Wiesen, und alles in einer süssen lachenden Verbindung.

Zwischen Geisenheim und Kempten schwellen die Berge kühner vom Flusse herauf; ihr Haupt wird wilder und dunkler, das Ufer steiler und schmaler, und der breite grosse Rhein scheint auf einmal aufzuhören und sich im finstern Bingcr Loche zu verkriechen. Hier zwischen dem Rochus- und <142> Rüdesheimer Berge eröffnet sich die dritte grosse Ansicht des Rheingaues.

Wie man gegen den schönen Flecken Rüdesheim kommt, sieht man schon manchen Felsen aus dem Wasser ragen, und den raschen Strom sich in öftern Strudeln drehen. Gegen Bingen zu, weiter unten, wird die Scene schauerlicher, grösser. Auf der rechten Seite wölbet sich der grosse Rüdesheimer Berg abschüssig und steil in den Rhein herab, und lässt dem Fussgänger kaum einen schmalen Pfad durch Hecken und Felsen gestützt. Die gleichen Reihen der Weinstöcke und Mäuerchen sind so künstlich herum angelegt, und haben eine so regelmäßige freundliche, dass man glauben sollte, sie wären mehr der Schönheit als des Nutzens wegen so um den Berg gedreht, um dem wilden, düstern, gegenseitigen Ufer einen desto auffallendem Kontrast zu

geben. Man fühlt hier so ganz, dass der Mensch Herr der
Natur geworden ist.

Indessen blicken doch noch einige Felsenstücke hervor, über die er nicht Meister werden konnte. Er bauete darauf eine feste Burg, um seine Herrschaft zu beurkunden.
Gerade da, wo der Rhein sich um den Berg herumwälzt,
steht auf nackten Felsen gethürmt das mahlerische Schloss
Ehrenfels, und giebt mit seinen zackigten Vormauern und
hohen bemoosten Thürmen dem hellem Vorgrunde noch
mehrere Reitze. <143>

Dem Rüdesheimer Berge gegenüber, weiter unter
Bingen, ziehen sich hinter einander mehrere mit dunkeln
Gesträuchen und Bäumen bewachsene Berge hin, und füllen
das Binger Loch mit grausenvollen Schatten. Einzelne grau-
röthliche Felsenadern oder Streifen von versuchten Weinbergen und Wiesen erheben noch mehr ihr Dunkel, und
drücken den hellern Rüdesheimer Berg hervor. Aus hohen
übereinander geschobenen Felsenstücken scheinen in der
Ferne die Ruinen alter Schlösser zu wachsen; senkrecht
herab ziehet sich an ihrem Fusse ein schmaler Fussweg hin,
nur zuweilen von wilden Hecken und Bäumen bewachsen,
aus welchen die weisse Clemens-Kirche strahlt.

Wider diese finstern Gebirge schliesst der ganze
Rhein in mächtigem Strome an, und scheint da aufgehalten
einen See zu bilden. Er dreht sich aber bald in einem stolzen
Umschwunge auf die andre Seite gen Norden, und rauscht
so ergrimmt und schäumend über das Binger Loch hinab;
indessen mitten in dieser finstern Höhle auf einer Felseninsel der Mäusethurm wie ein graues Gespenst steht, und
schauerliche Auftritte verkündet.

Bei dieser letzten Ansicht des Rheingaues machte ich
eine Rückerinnerung auf die beiden vorigen bei Biberich
und Hattenheim. Auch dort erheben sich Inseln zwischen
hohen Bergreihen aus dem Flusse; <144> allein wie rund
und wallend sind da die Hügel und Gebirge! wie helle und

stille das Wasser! wie sanft und lieblich die Auen! wie freundlich und lachend die Ortschaften und Gebäude! Hier ist alles finster und wild abstechend und schauerlich.

Links an dem Eingänge des Schlundes liegt Bingen mit seinen Gothischen Thürmen, und hinter ihm vereinigt sich die Nahe mit dem Rheine. Dieser Zusammenfluss beider Flüsse war die Ursache, dass Drusus hier die Stadt anlegte; und noch findet man um sie herum eine Menge Römischer Alterthümer, und der Name dieses jungen Helden wird an Brunnen und Thoren verewigt.

Über Bingen erheben sich auf einem angebauten Weinberge die Ruinen des Schlosses Klob, welche der Ansicht der Stadt eine mahlerische Krone aussetzen. Über der Nahe stehen auf einem grauen, mit wilden Gesträuchen bewachsenen Felsen die Trümmer des Klosters Ruperts-Berg, und alles umher ist von hohen dunklen Bergen umschlossen, zwischen welchen die Nahe und der Rhein über Felsen murrend dahinrauschen.

Dieser Ruperts-Berg ist ganz zu finstern Betrachtungen gemacht. Hier schrieb Hildegard ihre Prophezeihungen, Bartholomäus Holzhausen seine Visionen. Kein Wunder! Wer hier bei stiller Nacht unter den Gothischen Trümmern und düstern <145> Felsen herum wandelt, muss mit schauerlichen Eindrücken und Gesichtern überfallen werden, wenn er auch nicht fantastisch begeistert ist.

Zu Bingen stieg ich aus, und betrachtete diese alte Stadt und ihre Merkwürdigkeiten. Hier ist viel Gewerbe und ein grosser Markt; die Menschen sind munter und heiter, wie die übrigen Rheinbewohner; aber ich weiss nicht, warum diese Stadt mit ihrer Lage einen so besonders schwermüthigen Eindruck auf mich machte. Ich kann es nichts anderm zuschreiben, als dem schnellen Übergange von lachenden freundlichen Gegenständen im Rheingau zu den finstern fürchterlichen hier und unter Bingen.

Besonders stimmten mich die Trümmer des Ruperts-Bergs zu einer tiefen Schwermuth. Sie liegen mit ihren
Gothischen Kapellchen und Kreuzgängen so romantisch
verwüstet zwischen Felsen und wilden Gesträuchen, und
sind so dunkel von finstern Bergen eingeschlossen und beschattet, dass sie nothwendig eine starke Wirkung auf jedes
gefühlvolle Herz machen müssen. Man zeigte mir Wunder-
bilder und Kirche, den Brunnen, so Hildegard mit ihren eigenen Händen gegraben, und ihre Gruft.

In einer solchen mit der finstern Gegend überein-
stimmenden Gemüthsbewegung stieg ich wieder in meinen
Kahn, und erwartete unter Bingen im <146> Schlunde noch
schauerlichere Gegenstände; als sich auf einmal zwischen
dem dunklen Rochus-Berge und dem noch schwärzern entgegengesetzten Kreuz-Berge eine fröhliche lichte Aussicht
nach lieblichen Feldern eröffnete, von denen die Nahe sich
her schlängelt. Die dunkelgrünen Gebirge im Vorgrunde
kontrastiren wunderbar schön mit den hellblauen Ebenen in
der Ferne. Links liegt Bingen mit seinen alten Gebäuden;
rechts sieht man die Trümmer des Ruperts-Bergs unter Felsen und Gesträuchen; hinten verbindet die röthliche Brücke
beide dunkeln Vordergründe, und durch ihre Bogen rau-
schet die Nahe hervor, welche der anschiessende Rhein mit
sich fortreisst.

Noch weidet man an dieser köstlichen Ansicht seinen Blick, und schon kommt mit wachsender Grösse der
Mäusethurm hervor, und scheint das Fahrzeug verschlingen
zu wollen. So schnell fliesst jetzt schon der Rhein. Dieser
Anblick ist so täuschend, dass ich jeden Reisenden darauf
aufmerksam machen will, sein Auge nach dem obern Theile
des Thurms zu richten, welcher immer näher kommend aus
den Bergen wirklich hervorzutreten scheint.

Schon nahe an der kleinen Felseninsel, worauf er gebaut ist, macht der Rhein grosse Wirbel und Abfälle, welche
schäumend und wogend am Ufer hinrauschen. Ich befahl

dem Schiffer durchzufahren; <147> und mit einer Schnellig-
keit, welche kein Pferd erreichen kann, floh ich schaukelnd
über sie hin.

An dem Thurme stieg ich aus, und betrachtete so
recht die mannichfaltigen Schönheiten, die hier die Natur
und Kunst gebildet hat. Oben von den sanften blauen Gebirgen und grünen Rebenhügeln des Rheingaues schleicht
der grosse Fluss in einer weiten Ausdehnung herab; und
man nimmt noch einen freundlichen Abschied von dem
schönen Geisenheim und Rüdesheim und dem fernen Johanns-Berg. Noch unten rauscht der eingeengte Strom über
Felsen und Klippen brüllend hinab, und um ihn her thürmen sich Berge auf Berge, mit kahlen Felsen und Ruinen besetzt.

Das Farbenspiel der verschiedenen Gegenstände ist
nicht minder schön und mahlerisch. Da leuchten hellgrüne
lachende Wiesen und Weinstöcke zwischen düstern Gesträuchen, weisse oder gelbliche Mauern und Häuser zwischen Bäumen und dunkelgrünen Felsen hervor. Oben gegen das Rheingau zu ist alles in einem grünlichen oder bläu-
lichen Dufte gehalten mit sanftem Purpur untermischt, und
der Rhein ist helle und klar wie der heitere Himmel; unten
stechen grauliche Felsen zwischen schwarzen Gebuschen
hervor, und das Wasser ist dunkelgrün, nur mit weissem
Schaume und blitzenden Wirbeln bedeckt.

Unter dem Mäusethurm kann, man nun ganz <148>
deutlich die Felsen sehen, welche sich von dem einen Ufer
zum andern wie ein Damm durch den Rhein ziehen, und
über welche er sich wirbelnd und tosend seinen Weg bahnt.
Schon Bingen gegenüber, bei der sogenannten Fiedel, wird
sein Bett abschüssig. Er prellt dann an das jenseitige Ufer an,
wird da derb zurückgewiesen, und nun schiesst er gewaltig
die Klippen durch, welche man das Binger Loch nennt.

Ich kann dir nicht sagen, welch einen sonderbaren
Eindruck alle diese Gegenstände auf mich machten. Die

zugethürmten Berge, und der finster gewordene Rhein, die
Sturz drohenden Felsen und die heimtückisch im Wasser
verborgenen Klippen, die Ruinen der Schlösser und die Sagen der Vorzeit, die Gefahren von Räubern bei der Clemens-Kirche, und die Gefahren des Wassers bei dem Binger
Loche – dieses alles versetzte meinen Geist in einen so wech-
selnden Zustand von Unruhe und Neugierde, von Unge-
wissheit und Schauder, von Behaglichkeit und Unbehag-
lichkeit, dass mir der Ausdruck dazu fehlt.

Bald lachet einem eine freundliche Wiese an mit
Obstbäumen beschattet und Weintrauben begrenzt; aber
gleich darauf streckt wieder ein kahler Fels seine über einander geschobenen Schichten hervor, auf denen die Trümmer
eines alten Schlosses wurzeln, und in den Rhein herab zu
fallen drohen. <149>

Bald sieht man auf einem schön gewölbten Hügel
Weinberge und Saatfelder, Obst- und Krautgärten in mannichfaltigem Grün herab laufen; aber gleich hinter ihm thürmen sich wieder Steinklippen auf einander, welche alle
menschliche Kultur von sich abweisen, und nur wildes Gesträuch auf ihrem Rücken dulden. Jetzt drängt sich an einer
Landspitze mit hohen Thürmen und glänzenden Häusern
stolz ein Städtchen hervor, und ladet dich zur Herberge ein;
aber kaum hast du den Entschluss gefasst, hier auszusteigen,
so siehest du wieder arme Strohhütten und kleine dürftige
Häuschen vor dir, welche sich unter Bäumen und Felsen in
die Thäler verkriechen. Bald fliehest du sanft wie auf einer
leicht bewegten Wolke den glatten Fluss hinab; auf einmal
fangt der Kahn wieder an zu wanken und zu zittern, und du
glaubest zu scheitern oder vom Strudel verschlungen zu
werden.

Der schnelle Lauf des Flusses und die sich bald
rechts bald links drehenden Krümmungen des Gebirge ver-
mehren diese Täuschungen wunderbar. Kaum hat man eine
Ansicht ins Auge gefasst, so verändert sich schon wieder die

Scene; und wenn sich eine Landschaft rückwärts zuge-
schlossen hat, thut sich wieder eine andre vorwärts auf. Das
ganze herrliche Spiel ist ein natürliches Zauberwerk, wo sich
immer neue Gegenstände hinter einander hervorschieben,
oder <150> in einem beständigen Wiegen an dem Auge vorbeifliehen.

Auch die Seen der Schweiz und andere Flüsse in Europa haben mannichfaltige Gestade und einen entzückenden
Wechsel der Natur-Scenen; aber nirgends wird man so
schnell auf einander folgende Bilder, und in einer so kurzen
Zeitfrist sehen können als auf einer Rhein-Reise. Wenn man
sich an einem hohen Sommertage und bei grossem Wasser
des Morgens zu Maynz einschifft, kann man noch denselben
Tag Abends zu Bonn seyn.

Abbildung 1: Der Mäuseturm 1959 - BAW

Die vielen Geschichtchen und Sagen der Vorzeit,
welche an alle diese so schnell vorübergehenden Gegenstände der Natur und Kunst gebunden sind, und die jeder

Schiffer in seiner traulichen Manier erzählen kann, machen alles noch interessanter. Da hörst du bald von den Thaten eines Hans Brömser von Rüdesheim; bald von den Visionen einer begeisterten Hildegard zu Bingen; bald von dem Erz-bischof Hatto, welchen die Mäuse auf dem Thurme gefres-sen haben, und bald von Räubereien und Mordgeschichten an der Clemens-Kirche; bald von Schiffbrüchen und Gefah-ren am Binger Loche, und bald von den Gespenstern in den alten Burgen; bald von einem Altare unter dem Wasser, und bald von einer Teufelsleiter in der Luft, welche ein verwege-ner Reiter mit seinem Pferde <151> erstiegen haben soll, und noch über Lorch ihr steiles Haupt erhebt.

Abbildung 2: Das Binger Loch 1959 - BAW

Auf dem rechten Rheinufer von Rüdesheim bis Lorch bewundert man immer den Fleiss und Muth der Men-schen, welche hier an wüsten und nackten Felsen hin-anglimmten, und der rauhen Natur das edelste Produkt des Landes abtrotzten. Eine anhaltende Reihe von Mäuerchen sind an die Felsen angebauet, auf welchen, wie auf Stufen

seines Thrones, der Weingott den herrlichen Purpur ausbreitet, welcher dem Burgunder gleich geschätzt wird.

Das Dorf Asmannshausen, welches am Fusse der
Berge unter Bäumen versteckt liegt, zeigt durch seine nied-
rigen kleinen Häuser, dass hier eben die fleissigen Menschen
wohnen, welche in ländlicher Genügsamkeit den edlen rothen Wein bauen, der die Tafeln der Fürsten würzt.

Jenseits stehen hoch auf den Felsen zwei alte Schlösser, Bauzberg und Königstein, und kontrastiren, wie hohe
Adlerwohnungen gegen das friedliche Nest der Lerche, mit
dem ländlichen Asmannshausen. Ihre dicken zerfallenen
Mauern und hinter einander ausstrebenden Thürme mit den
seltsamsten Farbenspielen erheben die Landschaft unge-
mein. Bei einer jeden wünscht man stille zu halten, und die
sonderbare Bauart zu betrachten. Aber kaum hat man ihre
einzelnen Theile untersucht, und die <152> mahlerischen
Trümmer bewundert, als schon wieder zwei andre alte Burgen, Falkenburg und Sonneck, oben herab strahlen, und
ganz neue Formen dem Auge darbieten. Am Fusse derselben tritt das Ufer in Gestalt einer Halbinsel hervor, mit Wiesen, Gärten und Obstbäumen besetzt, zwischen welchen das
lange Dreieckshausen sich ausbreitet.

Unter diesem Flecken werden die Berge sanfter, die
Ufer geräumiger. Die Wohnung der Menschen gewinnt an
Ausdehnung, und mehrere Ortschaften, als Heimbach, Die-
bach, Lorch und Lorchhausen füllen die Thaler aus; indessen sich eine anhaltende Reihe von Bergschlössern, als Fürs-
tenberg, Sareck und Rhainburg, über ihnen erhebt.

So drehet man sich immer rechts und links in den
Krümmungen des Rheins herum, sucht in neugieriger Un-
gewissheit rückwärts den Eingang, und vorwärts den Aus-
gang aus diesem Wasserschlunde, bis einem Bacharach mit
seinen Bergen den Weg zu versperren, und den Rhein unter
seinen Häusern aufzunehmen scheint.

Dieses alte Städtchen hat eine romantische Lage. Es rühmt sich Römischen Ursprungs zu seyn, und leitet seinen Namen von einem nahen Felsen im Rheine her, welchen man *Bacchi ara* oder Bacchus-Altar nennt. Bei hohem Wasser ist er nicht zu sehen, aber in den Jahren 1664, 1695, 1719 und <153> 1750 hat ihn die seichtere Fluth dem Auge bloss gegeben. Ein untrügliches Zeichen von einem guten Weinjahre.

Die Ansicht von Bacharach ist nicht ganz freundlich. Es trägt zu viel Spuren der Verwüstungen verflossener Kriege. Die untern Häuser sind dicht an den Rhein gebaut, und scheinen senkrecht aus dem Wasser hinauf zu streben. Über ihnen erheben sich die Kirchthürme. Seine alten Ringmauern ziehen sich hoch über die Stadt an die Ruinen der Veste Staleck, und umschliessen Gärten und Weinberge, welches alles einen mahlerischen Kontrast hervorbringt.

Hier wächst der berühmte Muskateller, welcher schon den Gaumen des Kaisers Wenzel und des Pabstes Pius II. reitzte. Bacharach gegen über ist die Grenze des schönen Rheingaues, und zwei Galgen stehen neben einander als schreckliche Marksteine da, jeden Räuber warnend.

Wenn man nun von oben herab gen Bacharach zu kommt, glaubt man in einem von Felsen umschlossenen Schweizer See zu seyn. Man denkt hier anhalten oder zurückkehren zu müssen; allein auf einmal dreht sich der Nachen wieder rechts, und schnell kommt er durch einen neuen Strudel, das wilde Gefährd genannt, in einen neuen See, <154> auf dessen Mitte ein gerüstetes Kriegsschiff zu schwimmen scheint.

Dieser unerwartete Gegenstand überrascht ausnehmend. Man wird begierig, ihm näher zu kommen, um unterscheiden zu können, ob es ein Fahrzeug oder Gebäude sei. Aber bald entdeckt sich dem forschenden Auge eine förmliche Festung mitten im Rheine auf einen Felsen gebaut, welche man die Pfalz nennt.

Die Mauern dieser Burg füllen auch so gänzlich ihren Grund aus, dass man glauben sollte, sie seyen aus einem Stücke gehauen, was sich von den umherstehenden Bergen herab in den Rhein gewälzt habe.

Abbildung 3: Die Pfalz bei Niedrigwasser 1965 - BAW

Ich dachte sogleich bei dem Anblick dieser seltsamen Erscheinung an den Englischen Krieg. Wenn die Franzosen ein Paar hundert solcher schwimmenden Festungen über den Kanal bringen könnten, würde wohl eine Landung leichter seyn.

Der Pfalz gegen über liegt längs dem Rheine her das freundliche Städtchen Caub mit seiner hohen Festung Gutenfels. Ein sonderbarer Kontrast von menschlichen Wagstücken in der Baukunst. Wie die Festung Pfalz auf dem Rheine zu schwimmen scheint, so glaubt man bei einem leichten Nebel die Festung Gutenfels in den Lüften fliegen zu sehen. So steil und hoch thront sie über dem Städtchen.
<155>
Da ich in Caub meinen Freund Edmund aufsuchte, beschloss ich mich hier eine Zeitlang aufzuhalten, und diess alles in der Nähe zu betrachten. Ich musste in die Pfalz auf einer Leiter steigen, und auf den Gutenfels auf unzähligen Treppchen. In der erstem zeigte man mir das kleine enge Kämmerlein, wo die alten Pfälzgräfinnen, wie die Sage geht, die Fürsten gebären mussten, welche den Rhein beherrschen

sollten. Auf dem Gutenfels führte man mich auf das kleine Schilderhaus, gänzlich hervor in die Luft gebaut, worin Gustav Adolf Befehle gab. Mir schwindelte, als ich auf diesen morschen Bretern so gerade senkrecht auf den Rhein herab sah. Ich kehrte daher wieder zurück in das mir von Edmund angegebene Wirthshaus, fand aber nur folgenden Brief von ihm: <156>

Der Abschied.

Still und feierlich ist die Nacht. Die hoch gewölbten Berge werfen lange Schatten in den düstern Schlund des Binger Lochs. Die Gegenstände umher sind schauerlich beleuchtet. Der Mond flimmert bleich aus dem wirbelnden Wasser. Hinter mir steht grau, wie ein Gespenst, der Mäusethurm. Neben mir rauscht der Strom dumpf über die Felsen. Ich liege auf der äussersten Spitze der kleinen Insel mitten in dem Rheine, der von fernen Weingebirgen kommend seine ganze breite Wassermasse über mich her zu ergiessen scheint.

So leb denn wohl, du schönes Rheingau! Noch einmal will ich dich sehen, noch einmal die lieben Orte begrüssen, wo ich so glückliche Stunden verlebte. Leb wohl, du süsses Weinheim! du stilles Gottesthal! du romantisches Vollraz! Du königlicher Johanns-Berg! du freundliches Geisenheim! du herrlicher Niederwald! und du, <157> die mir diese an sich schon reitzende Gegend in ein Paradies verwandelt hat — Emma, leb wohl!

In diese schwermüthigen Gedanken versunken, legte ich mich auf die äusserste Felsenspitze, neben der eine kleine Bewegung mich schnell dem Tode geben konnte. Seyn oder nicht seyn war jetzt die wichtige Frage. Ich richtete daher meinen Blick gegen den hellen Sternen-Himmel, welcher über das flächere Rheingau ausgebreitet war, und wurde zu tiefer Andacht gestimmt.

O ewiges Wesen! Nur in diesem Tempel lernte deine Allmacht und Grösse kennen! Diese Schlösser umher sind schon verwittert; Häuser und Städte zu Grunde gegangen; die Menschen, welche sich vor kurzem noch hier am Rheine freundlich oder feindlich begegneten, verwesen, und noch stehen die Berge umher, noch rauscht der herrliche Fluss hindurch, als Verkünder deiner Werke, welche ewig wie du sind.

So flog ich mit meinen Gedanken hinauf zu den Sternen, mass ihre Entfernung, bewunderte ihre Grösse und Harmonie. Und kleiner wurden mir die Berge, dunstig die Schlösser, unsichtbar der Fluss. Ich schlummerte in die Ewigkeit.

Auf einmal rauschte schauerlich der Wisper Wind. Ich blickte schaudernd zurück. Vom <158> finstern Schlunde herauf schlichen zwei lichte Nebelwolken wie selige Geister in schwesterlicher Eintracht. Sie schwebten mit sonderbarer Bewegung dicht an mir her, und verschwanden über den Trümmern des Hildegardischen Ruperts-Bergs. Aus den Bäumen lispelte ein Lüftchen leise und kläglich wie die Äols-Harfe. Ich glaubte die Worte zu hören: Auf Wiedersehen!

1804 Namensiste der Pränumeranten - alphabetisch

Herr	Adolph, Gust., in Grosskuhnau	1
Herr	Altermann in Frankfurt a. M.	3
Herr	Anton, Christ. Gotth., Buchhändler in Görlitz	2
Herr	Aue, Aug., Buchhändler in Köthen	1
Herr	Bachmann und Gundermann, Buchhändler in Hamburg	3
Herr	Bädecker et Comp., Buchhändler in Duisburg	2
Baronessevon	Barenfels in Coswich	1
Herr	Becker, Hofrath in Gotha	1
Die	Behrenssche Buchhandlung in Frankfurt a. M.	1
Herr	Bellmann, Joh., in Amsterdam	1
Herr	Bennecke, Ober Amtmann in Aken an der Elbe	1
Herr	Bergien et Comp, in St. Petersburg	2
Herr	Besson, Jacq., Buchhändler in Leipzig	1
Herr	Beyer, Kammer Assessor in Arnstadt	1
Herr	Bohn, Friedr., Buchhändler in Lübeck	6
	Bonaparte, erster Consul der Französischen Republik	1
Herr	Breuls, Gilles, in Eupen	1
Herr	Brönner, Heinr. Ludw., Buchhändler in Frankfurt a. M	3
Herr	Brummer, Friedr., Buchhändler in Copenhagen	1
Herr	Büschler, Heinr., Buchhändler in Elberfeld	3
Herr	Calve, Joh. Gottfr., Buchhändler in Prag	2
Herr	Class, Joh. Dav., Buchhändler in Heilbronn	1
Herr	Claus, Job. Fr. Sam., in Aachen	3
Das	Comtoir für Litteratur in Leipzig	1
Die	Cottaische Buchhandlung in Tübingen	2
Herr	Craz und Gerlach, Buchhändler in Freyberg	1
Herr Hofrath	Creve, Dr. Carl Caspar, in Elfeld	1
Herr	Crusius, Siegfr. Lebr., Buchhändler in Leipzig	2

Herr	Darmnann, Carl, Buchhändler in Züllichau	2
Herr	Denon, in Paris	1
Herr	Dieterich, Buchhändler in Göttingen	1
Herr	Dresser, geheimer Sekretär, in Berlin	1
Herr	Dumont, Dechant in Cölln	1
Die	Dykische Buchhandlung in Leipzig	1
Herr	Ernst, Friedr. Jos., Buchhändler in Quedlinburg	1
Herr	Esslinger, Friedr., Buchhändler in Frankfurt a. M.	12
Herr	Eurich, Friedr., Buchhändler in Linz	1
Herr	Frauenholz, J.F. et Comp., in Nürnberg	1
Herr	G. H. Keyser et Comp., Buchhändler in Regensburg	2
Herr	Gastl, Joh. Georg, Buchhändler in Brünn	4
Herr	Gayl, in Frankfurt a. M	1
Herr	Geislinger, Jos., Buchhändler in Wien	2
Herr	Gerlach, B., Hofkammerrath und Amtskeller zu Rothenbuch	1
Herr	Gerning, Legations Rath in Frankfurt a. M.	1
Herr	Grafit, Joh. Gottl., Buchhändler in Leipzig	1
Herr	Grainbs, Doctor, in Frankfurt a. M.	1
Herr	Grau, G. A., Buchhändler in Hof	1
Herr	Gruner, Siegmund, in Düsseldorf	1
Herr	Guilhauman, Ph. Heinr., Buchhändler in Frankfurt a. M.	1
Die neue	Günthersche Buchhandlung in Glogau	1
Herr	Hans, Joh. Friedr., in Christiansfelde	1
Herr	Harmes, in Philadelphia	1
Herr	Hartung, Doctor und Hofrath, in Neuwied	1
Herr	Haude und Spener, Buchhändler in Berlin	1
Frau Wittwe	Haueisen, Buchhändlerin in Anspach	2
Herr	Hebenstreit, R., in Frankfurt a. M.	1
Herr	Heinsius, Wilh., Buchhändler in Gera	1
Herr	Herold und Wahlstab, Buchhändler in Lüneburg	3
Herr	Herrmann, Joh. Chr., in Frankfurt a.M.	1
Herr	Herstadt, J. P., in Cölln	1
Ihro Königl. Hoheit die Kur Prinzessinvon	Hessen	1

Sr. Kurfürstl. Durchl.von	Hessen	1
Herr	Heydenreich, Doctor med., in Gotha	1
Herr	Heydenreich, in Chemnitz	1
Herr	Heyse, Joh. Georg, in Bremen	1
Herr	Hillebrandt, G. J., Verwalter in Neuwerk	1
Die Fürstl.	Hof-Buchhandlung in Darmstadt	2
Frau Wittwe	Hoffmann und Erben in Weimar	1
Herr	Hoffmann, Benj. Gottl. Buchhändler in Hamburg	6
Herr	Höfling, Joh. Willi., in Fulda	1
Herr	Horvath, Carl Chr. Buchhändler in Potsdam	2
Herr	Höwert, J.C. Buchhändler in St. Petersburg	10
Herr	Hoy, Joh. Heinr., Buchhändler in Hanau	2
Herr	Huber et Comp., Buchhändler in St. Gallen	2
Die	Jägersche Buchhandlung in Frankfurt a. M.	2
Die	Juniussche Buchhandlung in Leipzig	2
Herr	Kaffke, Joh. Siegm., Buchhändler in Stettin	2
Herr	Kaher, J. C., in Ronsdorf	1
Herr	Kaulfuss, C. G., in Wien	1
Herr	Kehr, L. C., Buchhändler in Kreutznach	1
Herr	Keil, Buchhändler in Cölln	4
Herr	Keil, Georg Chr., Buchhändler in Magdeburg	3
Herr	Kellner, Carl Ferd., in Frankfurt a. M.	1
Herr	Koch, Inspector, in Wisbaden	1
Herr	Korn etvon Hostrup, in Hamburg	1
Herr	Korn, Joh. Friedr., Buchhändler in Breslau	2
Herr	Korn, Wilh. Gottl., Buchhändler in Breslau	3
Herr	Kratsch und Wettach, Buchhändler in Hamburg	1
Herr	Krieger, Joh. Chr., in Marburg	3
Herr	Kuhlencamp, A., Consul in Bremen	1
Herr	Lehr, Hofrath in Wisbaden	1
Herr	Levrault, Schoell et Comp., Buchhändler in Paris	106
Herr	Liebeskind, A. G., Buchhändler in Leipzig	1
Herr	Lintz, J., Buchhändler in Trier	1
Herr	Mack, Joh. Dav., in Frankfurt a. M.	1
Herr	Martens, C. M., in Altona	1
Herr	Maurer, Friedr., Buchhändler in Berlin	3

Herr	Meissner, Hof Post Sekretär, in Berlin	4
Herr	Moll, Corn. Jacob, in Cölln	1
Herr	Montag und Weiss, Buchhändler in Regensburg	2
Herr	Müller, Justiz Amtmann, in Leipzig	1
Herr	Nagel, Adolf, in Erfurt	1
Herr	Nicolovius, Friedr., in Königsberg	3
Herr	Olberg, Landjäger, in Aken a. d. Elbe	1
Herr	Olenschlager, Job. Nicol., in Frankfurt a. M.	1
Madame	Ölrichs, geb. Treviranus, in Bremen	1
Herr	Otterbein, in Orsoy	1
Herr	Pauli, Joachim, Buchhändler in Berlin	3
Herr	Perthes, Friedr., Buchhändler in Hamburg	6
Herr	Pfähler, Gebrüder, Buchhändler in Heidelberg	1
Herr	Pfeiffer, in Aken a. d. Elbe	1
Herr	Pistorius, Hofgerichts Rath in Amorbach	1
Herr	Pöchen, in Rheidt	1
Ihro Königl. Majestät die verwittwete Königinvon	Preussen	1
Königl. Hoheit der Prinz Ferdinandvon	Preussen	1
Königl. Hoheit der Prinz Wilhelmvon	Preussen	1
Sr. Königl. Majestät Friedrich Wilhelm III. König von	Preussen	1
Herr	Prosch, A., in Hamburg	1
Herr	Rabenhorst, Chr. Gottl., Buchhändler in Leipzig	1
Die Kaiserl.	Reichs Ober Post Amts Zeitungs Expedition in Nürnberg	1
Herr	Rein et Comp., Buchhändler in Leipzig	3
Herr	Reinicke, Aug. Lebr., Buchhändler in Leipzig	2
Die	Rengersche Buchhandlung in Halle	1
Herr	Rigal, Ludw. Max., in Crefeld	1
Herr	Romerskirchen, Buchhändler in Cölln	3
Herr	Rosalino, in Frankfurt a. M.	1
Herr	Rottmann, Heinr. Aug., Buchhändler in Berlin	1

Ihro Kaiserl. Majestät die verwittwete Kaiserinvon	Russland	2
Sr. Kaiserliche Majestät Alexander I., Kaiservon	Russland	6
Herr	Schaumburg et Comp., Buchhändler in Wien	1
Herr	Schellenberg, Ludw., Buchhändler in Wisbaden	2
Die	Scherersche Buchhandlung in München	2
Herr	Schlegel, Fr., Dr., in Paris	1
Herr	Schmidt, Heinr. Wilh., in Frankfurt a. M.	1
Herr	Schmitz, Joh. Georg, Buchhändler in Cölln	1
Herr	Schöne, Chr. Gottfr., Buchhändler in Berlin	1
Herr	Schöps, Joh. Dav., Buchhändler in Zittau	2
Herr	Schrader, Joh. Georg, in Göttingen	1
Herr	Schröder, G., Buchhändler in Göttingen	1
Herr	Schull, Eberh. Casp., in Cölln	1
Herr	Sengstacke, J. H., in Bremen	1
Herr	Silberberg, Carl Wilh., in Frankfurt a. M.	1
Herr	Simon, Joh. Daniel, Buchhändler in Frankfurt a. M.	2
Herr	Sixt, Ingenieur en Chef à Coblence	1
Herr	Stahel, Gebrüder, Buchhändler in Wien	2
Herr	Steinmetz, in Frankfurt a. M.	1
Mademoiselle	Steutz in Halle	1
Herr	Stiller, Carl Chr., Buchhändler in Rostock	1
Herr	Streng, Joh. Phil., Buchhändler in Frankfurt a. M.	1
Herr	Tasche n. Müller, Buchhändler in Giessen	6
Herr	ter Meer, Abr., Buchhändler in Crefeld	5
Herr	Thomann, Carl, in Wien	1
Herr	Traub, Joh. Adam, in Bremen	1
Herr	Treutier, Chr. Gottl., Buchhändler in Hirschberg	1
Sr. Kurfürstl. Durchl.von	Trier	1
Herr	Ulrich, F. D. D., Buchhändler in Norrköping	14
Herr	van Recuin, Sous Präfect, in Simmern	1

Herr	Varrentrapp und Wenner, Buchhändler in Frankfurt a. M.	1
Herr	Vieweg, Friedr., Buchhändler in Braunschweig	4
Ihro Hochfürstl. Durchl. die verwittwete Prinzessin	von Anhalt Köthen	1
Ihro Hochfürstl. Durchl. die verwittwete Fürstin	von Anhalt Zerbst	1
Sr. Kurfürstl. Durchl. der Kur Erz Kanzler Carl	von Aschaffenburg	1
Sr. Excellenz der Herr Staatsminister Freiherr	von Barkhausen	1
Herr	von Bekerath, Leonh., in Crefeld	1
Sr. Hochgräfl. Excellenz der Erb Graf Emil	von Bentheim Tecklenburg	1
Sr. Hochgräfl. Excellenz der Graf Carl	von Bentheim Tecklenburg	1
Herr	von Bethmann, Russ. Kaiserl. Hofrath und Consul, in Frankfurt a. M	1
Sr. Hochfürstl. Durchl. der Fürst	von Bretzenheim	1
Herr	von der Leyen, Conr. Isaac, in Crefeld	1
Herr	von der Leyen, Fr. Henr., in Crefeld	1
Mademoiselle Marie	von der Leyen, in Crefeld	1
Ihro Hochfürstl. Durchl. die verwittwete regierende Fürstin	von der Lippe	1
Jungfer	von der Nüll, im Thal Ehrenbreitstein	2
Sr. Hochgräfl. Excellenz Herr Graf	von der Schulenburg, Staats und Kabinetts-Minister in Berlin	1
Sr. Excellenz der Herr Graf Ferdinand	von Egger, in Klagenfurt	1
Sr. Excellenz der Herr Graf	von Els	1
Herr	von Hacke, Hofgerichts Präsident in Mannheim	1
Herr	von Halein, Kriegs Rath, in Neuenburg	1
Herr	von Hertling, Reichs Freiherr	1
Herr	von Herzberg, in Augsburg	1

Sr. Hochfürstl. Durchl. der regierende Landgraf	von Hessen Darmstadt	1
Ihro Hochfürstl. Durchl. die regierende Landgräfin	von Hessen Darmstadt	3
Sr. Hochfürst. Durchl. der Erb Prinz	von Hessen Rothenburg	1
Sr. Hochfürstl. Durchl. der regierende Fürst	von Hohenlohe Kirchberg	1
Sr. Hochfürstl. Durchl. der Fürst	von Hohenlohe Langenburg	1
Herr	von Holzhausen, Joh. Just. Georg, Johanniter-Matheser-Ordens-Ritter, in Frankfurt am Main	1
Herr Graf	von Ingelheim, in Frankfurt a. M.	1
F. Freiherr	von Inhausen und Knyphausen Lütelsburg, in Lütelsburg	1
Sr. Hochfürstl. Durchl. der regierende Fürst	von Isenburg	1
Sr. Hochfürstl. Durchl. der Fürst	von Kaunitz	1
Herr	von Kettner, J. G. H., in Frankfurt a. M.	1
Die	von Kleefeldsche Buchhandlung in Leipzig	1
Ihro Hochgräfl. Excellenz die regier. Reichsgräfin	von Königsegg Aulendorf	1
Sr. Hochfürstl. Durchl. der regierende Fürst	von Lichtenstein	1
Herr Graf	von Lottum, Major, in Berlin	1
Herr	von Mecheln, Chr., in Basel	6
Sr. Hochfürstl. Durchl. der Herzog	von Mecklenburg Schwerin	1
Sr. Hochfürstl. Durchl. der Herzog	von Mecklenburg Strelitz	1
Sr. Hochfürstl. Durchl. der Fürst	von Nassau Usingen	1
Ihro Hochfürstl. Durchl. die regierende Fürstin	von Neuwied	1
Sr. Hochfürstl. Durchl. der Herzog	von Oldenburg	1

Sr. Hochfürstl. Durchl. der Erb Prinz	von Oranien	2
Sr. Hochfürstl. Durchl. der Prinz	von Oranien und regierende Fürstvon Nassau	2
Herr	von Papenheim, Baron P., in Wülffersheim	1
Herr	von Poets, in Cl. Hamborn	1
Herr Graf Max	von Preysing, Geheimerrath in München	1
Herr	von Reding, Fr., Freiherr	1
Herr	von Riedesel, Carl Georg, Freiherr	1
Hochgräfl. Excellenz der regierende Graf	von Rödelheim	1
Herr Graf	von Salern, General in München	1
Herr	von Schlicht, Hof Fiscal in Magdeburg	1
Ihro Hochfürstl. Durchl. die Fürstin Christine	von Schwarzburg Sondershausen	1
Sr. Hochfürstl. Durchl. der regierende Fürst	von Schwarzenberg	1
Sr. Excellenz Herr Graf Gustav	von Sternberg	1
Frau Majorin	von Thümen, geb. Gräfin Hollenthal, in Leipzig	1
Herr	von Thun, Dittmer, Freiherr	1
Sr. Hochfürstl. Durchl. der regierende Fürst	von Thurn und Taxis	1
Ihro Hochfürstl. Durchl. die Herzogin	von Weimar	1
Sr. Hochfürstl. Durchl. der Herzog	von Weimar	1
Sr. Hochfürstl. Durchl. der Fürst	von Wied Runkel	1
Ihro Hochfürstl. Durchl. die Fürstin	von Wittgenstein	1
Sr. Kurfürstl. Durchl. der Kurfürst	von Würtemberg	1
Herr	Wagner, Garnison Prediger in Hanau	1
Herr	Waldeck, Peter, Buchhändler in Münster	2
Herr	Wappler und Beck, Buchhändler in Wien	2
Herr	Wiesel, geheimer Kriegs Rath, in Berlin	1
Herr	Will, Amtmann, in Geisenheim	1
Herr	Willamov, G., Hofrath und Sekretär in St. Petersburg	1

Herr	Wilmans, Obrist und Commandant, in Bremen	1
Herr	Wurmbvon Zink, Domherr	1
Sr. Hochfürstl. Durchl. der Fürst	zu Hohenlohe Langenburg Ingelfingen	1
Sr. Hochgräfl. Excellenz Carl Ludw. Wilh., Graf	zu Isenburg Büdingen	1
Sr. Hochgräfl. Erlaucht Ferdinand Carl, regierender Graf	zu Isenburg Philipps Eiche	1
Sr. Hochfürstl. Durchl. der Erb Prinz	zu Leiningen Westerburg	1
Sr. Hochgräfl. Excellenz der regierende Graf Ernst	zu Limburg Ghemen Styrum	1
Sr. Hochgräfl. Excellenz der regierende Graf Friedr. Carl	zu Löwenstein Wertheim	1
Sr. Hochfürstl. Durchl. Heinrich XÜI., Fürst	zu Reuss	1
Sr. Hochfürstl. Durchl. der regierende Herzog	zu Sachsen Coburg	1
Sr. Königl. Hoheit der Herzog Albert	zu Sachsen Teschen	1
Sr. Hochfürstl. Durchl. der Fürst	zu Salm-Salm, Fürst Erzbischof zu Prag	1
Sr. Hochfürstl. Durchl. der regierende Fürst Wilhelm	zu Solms Braunfels	1
	Summe:	486

Literaturverzeichnis

Bertola de Georgi, A. (2018). *Malerische Rhein-Reise von Speyer bis Düsseldorf 1787.* (N. Flörken, Hrsg.) Bonn: Kid Verlag.

Bertola, A. d. (1796). *Malerische Rhein-Reise von Speyer bis Düsseldorf. Aus dem Italienischen.* Mannheim: Schwan und Götz.

Fries, E. (1820). *Malerische Ansichten des Rheins, der Mosel, des Haardt, und Taunus-Gebirges.* Heidelberg: Engelmann.

Fuchs, J. (1771 f). *Alte Geschichte von Mainz.* Mainz: Häfner.

Schreiber, A. W. (1795). *Streifereien durch einige Gegenden Deutschlands. Vom Verfasser der Szenen aus Fausts Leben.* Leipzig: Voß.

Schreiber/Vogt. (1807). *Voyage pittoresque sur le Rhin depuis Mayence jusqu'a Dusseldorf* (Bd. 3). (L. Libert, Hrsg.) Frankfurt/Main: Wilmans.

Vogt, N. (1804). *Ansichten des Rheins. Mit 11 Kupfern* (Bd. 1). Frankfurt/Main: Wilmans.

Verzeichnis der Abbildungen

Index

Anmerkungen

---

[1] Die Stadt und die Festung Königstein, von den Franzosen gehalten, wurde im Winter 1792/93 belagert und weitgehend zerstört (Stadt) und im Frühjahr 1793 von den Preussen erobert (Festung).

[2] Die Familie Bolongaro war eine angesehene Kaufmannsfamilie in Frankfurt am Main und im benachbarten Höchst.

[3] Nero Claudius Drusus (* 14. Januar 38 v. Chr.; † 14. September 9 v. Chr.), auch der „ältere Drusus" oder nur Drusus genannt, war ein römischer Politiker und Heerführer sowie Stiefsohn des Kaisers Augustus.

[4] Benjamin Franklin hatte in den 1750er Jahren den Blitzableiter erfunden.

[5] Nicht identifiziert.

[6] Justus Möser (* 14. Dezember 1720 in Osnabrück; † 8. Januar 1794 ebenda) war ein deutscher Jurist, Staatsmann, Literat und Historiker.

[7] (Fuchs, 1771 f).

[8] Vergil, Aeneis, VI, 847 ff.

[9] Emmerich Joseph Freiherr von Breidbach zu Bürresheim (* 12. November 1707 in Koblenz; † 11. Juni 1774 in Mainz) war seit 1763 Kurfürst und Erzbischof von Mainz und Fürstbischof von Worms (seit 1768).

[10] Friedrich Karl Joseph Reichsfreiherr von Erthal (* 3. Januar 1719 in Mainz; † 25. Juli 1802 in Aschaffenburg) war von 1774 bis 1802 der vorletzte Kurfürst und Erzbischof von Mainz sowie Fürstbischof von Worms.

[11] Lowerz (Lauerz), Dorf im schweizer. Kanton und Bezirk Schwyz, 460 m ü. M., liegt im Tal zwischen Rigi und Roßberg, am 4 km langen und bis 1 km breiten Lowerzer See, in dem auf einer Insel die Ruine des Schlosses Schwanau aufragt.

[12] Der Geburtstort Karls des Grossen ist unbekannt.

[13] Die Schlacht bei Göllheim fand am 2. Juli 1298 auf dem Hasenbühl, einem Hügel auf der Gemarkung der nordpfälzischen Ortsgemeinde Göllheim (im heutigen Bundesland Rheinland-Pfalz), zwischen den Truppen des habsburgischen Herzogs Albrecht von Österreich und des römisch-deutschen Königs Adolf von Nassau statt. Ursache der kriegerischen Auseinandersetzung waren die Absetzung Adolfs durch die

Kurfürsten und die Proklamation Albrechts zum Gegenkönig gewesen. Adolf verlor bei der Schlacht sein Leben.

[14] Caroline Henriette Louise Landgräfin von Hessen-Darmstadt (* 9.3.1721 Straßburg, † 30.3.1774 Darmstadt)

[15] Eginhard und Emma ist ein fiktives mittelalterliches Liebespaar aus der Zeit Karl des Großen. Ihre Sage ist im *Chronicon laurishamense*, der Chronik des Klosters Lorsch, überliefert.

[16] (Bertola, 1796).

[17] In den Schlachten von Arcole 1796 und Marengo 1800 besiegte Napoleon die Österreicher.

[18] Gregorio Allegri (* 1582 in Rom; † 1652 ebenda) war ein italienischer Priester, Komponist und Tenorsänger.

[19] Johann Mathias Rauchmiller (* 11. Januar 1645 in Radolfzell am Bodensee; † 15. Februar 1686 in Wien) war ein deutscher Bildhauer, Elfenbeinschnitzer und Maler.